无界零售

新零售落地整体解决方案

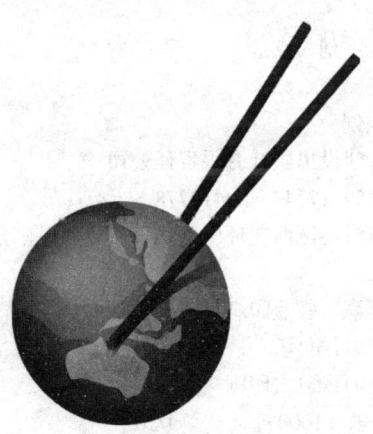

乔一凡　刘克／著

民主与建设出版社
·北京·

© 民主与建设出版社，2019

图书在版编目(CIP)数据

无界零售：新零售落地整体解决方案 / 乔一凡, 刘克著. -- 北京：民主与建设出版社，2019.8
ISBN 978-7-5139-2588-4

Ⅰ.①无… Ⅱ.①乔… ②刘… Ⅲ.①零售业—商业经营 Ⅳ.①F713.32

中国版本图书馆CIP数据核字(2019)第165849号

无界零售：新零售落地整体解决方案
WUJIELINGSHOU XINLINGSHOU LUODI ZHENGTI JIEJUE FANGAN

出 版 人	李声笑
著　　者	乔一凡　刘　克
责任编辑	刘　艳
封面设计	华业文创
出版发行	民主与建设出版社有限责任公司
电　　话	（010）59417747　59419778
社　　址	北京市海淀区西三环中路10号望海楼E座7层
邮　　编	100142
印　　刷	天津冠豪恒胜业印刷有限公司
版　　次	2019年9月第1版
印　　次	2019年9月第1次印刷
开　　本	710毫米×1000毫米　1/16
印　　张	14.5
字　　数	190千字
书　　号	ISBN 978-7-5139-2588-4
定　　价	48.00元

注：如有印、装质量问题，请与出版社联系。

前言
PREFACE

迎接零售新风口，转变零售新模式

新零售这个概念提出至今已经两年，而真正开始大规模的新零售运动从2018年才刚刚开始。私域流量、社群电商、社区团购、裂变分销、OMO（Online-merge-offine行业平台型商业模式）线上线下融合……随着新型的零售模式与引流技巧的出现，传统企业和大量的互联网新秀企业，不断尝试和探索，2019年新零售战场一片硝烟弥漫。新增市场放缓，存量市场开始激活，客户复购和单客经济，已成为新零售企业发展的重中之重。

新零售，指以互联网为依托，利用大数据、人工智能等新技术，对产品的生产、流通以及销售过程进行升级，进而重塑业态结构与生态圈，并深度融合线上、线下与现代物流的零售新模式。新零售打破了以往电商与线下实体店的对立局面，转而走向融合。新零售是当前消费模式不断升级下的必然产物，零售商要想成功，必然要抓住这一零售新风口，完成由传统零售模式向新零售模式的转变。

星巴克作为一个广受年轻时尚群体喜爱的咖啡品牌，站在新零售的风口上，开始了由传统零售向新零售转变的模式。

星巴克为了打造新零售模式，创造了"第四空间"。在创造"第四空间"的过程中，星巴克积极向数字化转移，不断跟随消费者的脚步。

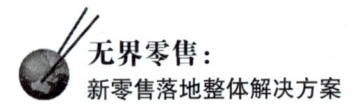
无界零售：
新零售落地整体解决方案

通过积极布局新零售，目前，美国星巴克几乎25%的订单都是通过手机支付完成的。并且，在门店特别繁忙的时段，通过手机支付的比例还会有所升高。现在，经过向新零售的积极转变，星巴克已经成为了美国移动支付规模最大的零售公司。并且，在中国，星巴克已经在线上拥有了众多的粉丝，构建起自己的流量池，各大媒体依靠"品牌讲故事，用户撩感受"，慢慢抓住每一个消费者的内心！

2019年2月，星巴克推出一款猫爪形象的杯子，借助原有的粉丝流量以及微博抖音的疯狂刷屏，星巴克猫爪杯从199元炒到上千元，有人为了买到它大打出手，有人四点排队，为了饥饿营销，星巴克只在每家门店放2~3个杯子，排队抢购，先到先得。为此，很多人戏称这一行为是"圣杯之战"。有顾客为了抢到"圣杯"，大打出手。

星巴克通过将线上线下结合打造的新零售模式，不仅实现了线上引流，还实现了线下顾客数量的增加，有效提升了星巴克的经营利润。

通过星巴克打造新零售的案例可以看出，新零售可以有效提升零售商的利润和工作效率，同时在品牌宣传，文化渲染，提高客户的忠诚度以及裂变新用户上，产生了巨大的积极效果。

近几年我在指导诸多企业进行品牌升级和招商路演中，感受到了传统零售商向新零售转型的迫切心理。可以说，向新零售转变，是零售商的一个必然选择，也是每个零售商都应掌握的必杀绝技！

要想成功打造新零售，首先要了解新零售。明确新零售的"新"，表现在模式、思维、技术、制造以及业态等多个方面。企业要想由传统零售向新零售转变，就要从多个角度对企业进行革新，以彻底打造新零售。

第一，流量思维到用户思维的转变。流量获取越来越难，成本越来越高，获客成本逐年上升，大量的消费者已经被瓜分，他不在这里，就在那里。谁能维护好客户的心，抓住客户的手，谁就能获得客户的忠诚。不然变心是早晚的事情，围绕用户，构建私域流量，提升客户的满意度，客户就是上帝，在未来的市场上会越来越明显。

第二，升级硬件设置。从渠道、供应链和消费场景三个方面入手。打造全渠道，融合线上、线下、物流，将其由以往割裂的状态变为融合连接；构建网状协同的供应链，提升企业配送效率，为用户提供更加便捷的服务；打造零距离消费场景，让用户在场景购物中获得深度体验。

第三，引进新技术。利用大数据、VR智能等新技术，帮助用户实现精准的信息洞察。此外，充分利用私域流量，沉淀在微信公众号、微信群、个人微信号、抖音、头条号等企业官方自媒体渠道的用户，将这些流量变为商家的"私有资产"，以便有针对性地开展社群营销工作。

第四，打造"合身"的模式。新零售的表现形式多种多样，在打造新零售的过程中，除了要做好常规工作外，企业还要选择适合自己的具体模式。如阿里巴巴仓店一体的"盒马鲜生"、永辉餐饮自营集合店"超级物种"、亚马逊的无人零售门店、贝店，等等。云集的社交电商平台，都是新零售模式下的典型代表。

企业要打造新零售，就要从品牌定位，市场传播，顶层模式构建，以及自己的用户体验等多个方面综合设计，以实现零售变革。

目 录
CONTENTS

第一章　零售变革：实体与电商从对立走向融合……………001

　　第一节　传统零售：新零售，要么获益，要么出局……………002
　　第二节　新模式：消费者主权时代，倒逼商家转变……………005
　　第三节　新思维：思维激变，5F思维下的I LOVE SIMPLE……010
　　第四节　新技术：大数据、物联网、VR智能……………016
　　第五节　新制造：由规模化、标准化转向定制化、个性化和智慧化……020

第二章　用户洞察：无人与有人，都是为消费者而生……025

　　第一节　精准定位，细分市场……………026
　　第二节　穿用户的鞋子，感受用户的体验……………030
　　第三节　平均化用户群，满足不同用户需求……………034
　　第四节　从源头痛点捕捉用户需求……………038
　　第五节　围绕用户不同生命周期提供个性化产品服务……………042
　　第六节　利用数据辅助用户洞察……………047

第三章　渠道升级：把割裂变为连接，打造1+1+1的组合重生……053

　　第一节　上下融合：线上提供便利，线下提供体验……………054

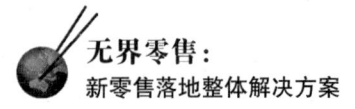

第二节　量体裁衣：充分利用线上线下渠道，为每个用户私人订制 … 057
第三节　多维触点：包围用户，加强用户与产品信息的接触 …… 062
第四节　协同一致：整合线上线下资源，不同渠道同一种体验 … 066
第五节　系统重构：七个互联互通布局全渠道 ……………… 070

第四章　场景交互：抢夺用户24小时的分配权 ……… 075

第一节　构建以用户为中心的体验场，打造生活方式交互点 … 076
第二节　树立场景思维，为用户创造极致体验 ……………… 080
第三节　建立"人、货、场"三层连接 ……………………… 083
第四节　三个场景化：产品、渠道、内容 …………………… 088
第五节　建设智能零售平台，让用户在高频互动中做出购买决策 … 093
第六节　满足定制化需求，利用数据实现个性化定制服务 …… 097
第七节　加强商品与用户互动，把每一次购物变成一次情感体验 … 102
第八节　场景互通：融合不同场景下的用户与资产，实现资源裂变 … 105

第五章　数据驱动：大数据是具有精准洞察力的"担货郎" …… 111

第一节　拥抱大数据，加强用户触达 ………………………… 112
第二节　掌握并遵循大数据的八个关键点 …………………… 116
第三节　数据采集：全渠道、及时性、多数据源 …………… 121
第四节　数据分析：打通多种业务数据，为用户行为数据建模 … 124
第五节　数据运用：大数据赋能零售业的七种方式 ………… 128
第六节　看Target、ZARA和亚马逊如何玩转大数据 ………… 132

第六章　社交赋能：用社群吸引力聚合用户，提高销售转化率 … 137

第一节　感受品牌温度、刺激产品销售、维护用户粘性 …… 138
第二节　寻找具有一个共同点的用户群 ……………………… 143
第三节　打造"有情绪的产品"，拉近产品与用户的距离 …… 148

第四节　利用口碑传播引发群蜂效应 …………………… 152
　　第五节　深度运营用户社群，将用户转化为品牌资产 …… 156
　　第六节　私域流量：让社群运营盘活流量，更快触达顾客 …… 160

第七章　供应链条：连接商家与用户的产业"路由器" ………… 167
　　第一节　由线性、链式结构变为网状协同的价值网络 …… 168
　　第二节　提供端到端的服务 ………………………………… 172
　　第三节　将研发和设计环节作为供应链起点 ……………… 180
　　第四节　新零售供应链就要弹性、敏捷、智慧 …………… 183
　　第五节　引入人工智能，让操作更简单 …………………… 188

第八章　模式落地：零售新物种，抢占新零售高地 ……………… 193
　　第一节　盒马鲜生：仓店一体的双向流量零售杀手 ……… 194
　　第二节　超级物种：多品类的线上+线下自营便利店 …… 197
　　第三节　亚马逊：无人门店的零售"黑科技" …………… 200
　　第四节　卡西欧：零售云转型下的智慧门店 ……………… 206
　　第五节　线下天猫：快闪店带来线下场景营销 …………… 210
　　第六节　缤果盒子：24小时无人值守便利店 ……………… 215
　　第七节　淘咖啡：集购物、餐饮于一身的无人结算店 …… 218

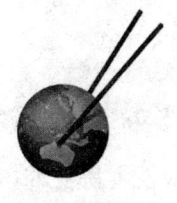

第一章
零售变革：实体与电商从对立走向融合

随着科技的飞速发展，人们的生活方式也发生了翻天覆地的变化。在科技赋能的前提下，零售业也迎来了新的篇章。以往，实体零售业与电商各据一方，相互对立。但是，在新零售模式下，实体零售业与电商打破以往相互对立的局面，首次出现了融合态势。在这一形势下，传统零售业如何抓住新零售的风口，向新零售转变，是一个艰难且重要的课题。

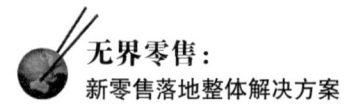

第一节 传统零售：新零售，要么获益，要么出局

在新零售逐渐兴起的形势下，传统零售业要想获得良性发展，必然要向新零售转变。如果忽视零售业的风向变化，一意孤行，坚持走传统零售的老路，只有"死路一条"。因此，如何从传统零售向新零售转变，就成了传统零售企业必须考虑的问题。在零售新风口，传统零售向新零售转变，要么获益，要么出局。

■ 初识新零售：认识它，才能成功转型

新零售是科技发展的必然结果，指企业借助互联网平台、综合运用大数据、人工智能、物联网等先进技术手段，对产品生产、用户选择、产品流通以及销售等全部过程进行优化升级改造，重塑零售业态结构与生态圈，并对线上服务、线下体验以及现代物流等三个方面进行深度融合的新的零售模式。简而言之，新零售，就是在新技术赋能的前提下，实现线上+线下+物流。

新零售主要有以下几个特点：

1. 传统零售企业与电商深度融合。新零售的核心为线上+线下+物流，因此，必然出现传统零售企业与电商深度融合的态势，两者相互支持、相互促进。在这一过程中，需要利用新技术，实现线上线下引流，

选择并维护客户等工作。

2. 新技术是新零售的核心驱动力。任何消费模式的改变，都离不开新技术的加持与赋能。在以往购物模式中，线上购物虽然便利，但是顾客却无法享受与实体店相同的购物体验，并且，时效性也有非常明显的限制；而如果在线下实体店消费，则无法享受线上购物的便捷性。而新零售在VR智能等技术的加持下，顾客足不出户，仍然可以完成与线下购物同样的体验，同时，还保留了以往线上购物的便捷性。这就是技术驱动的变革和发展。

3. 大数据赋能。新零售模式使企业的每一步都更加具有针对性。新零售模式下，每个零售企业都将成为一个数据公司，根据大数据实现对消费者的精准画像以及匹配，并据此提供更加精确高效的解决方案，完成消费者的可识别、可触达、可洞察、可服务。

4. 全渠道。新零售模式下，零售渠道也发生了巨大的变革，形成了全渠道模式。新零售逐渐打破了零售的边界，在这一零售模式下，需要做的是全渠道无界零售。

5. 与社交电商相结合。新零售模式下，更加注重通过社交与消费者达成交易，因此，新零售模式还要关注与社交电商相结合。通过构建社交场景，建立社群，并打造有吸引力的内容，可以从根本上激发消费者的购买欲，形成刚需和流量。

■ 零售实体店向新零售模式转变需解决的四个问题

在了解了新零售的各项内容后，最重要的，传统实体零售行业要掌握向新零售转变的方法，以实现向新零售的成功转型。总体来说，传统

实体零售行业在向新零售转变时,需要解决以下四个问题:

1. 利用核心自媒体解决流量和服务。现在社会中,各种社交软件充斥着人们的生活,它们也逐渐成为了人们获取信息的一种渠道。新零售要求商家充分利用这一特点,自行创建一些自媒体账号,如微信公众号、头条号、微博号等进行引流。通过定期或非定期举办一些活动,引导首次购买的用户关注企业的自媒体账号,以此积累粉丝和用户。针对核心用户,要定期举办活动,通过产品宣传提升产品知名度,并解决流量问题。

2. 线下提供体验,解决社群粘性以及销售转化问题。如今,消费体验可以分为线上体验和线下体验两种形式,不同的产品适用的形式不同。例如餐饮、酒店类产品,则必须依赖于线下体验。

新零售模式下,在利用线上实现引流以及便捷服务等内容的同时,可以加强线下体验,用来弥补线上的一些不足,增加客户的粘性和深度沟通,实现销售的转化和二次购买。并且,渠道要不断多样化和个性化,以便吸引更多的用户。因此,在构建线下体验时,要充分利用新技术,做好线上的引流以及转化工作。

3. 利用互联网模式解决分享和引爆。在传统零售向新零售转变的过程中,互联网商业模式是驱动力。分享模式,则是利用互联网商业模式的精髓,实现快速裂变和口碑传播,趋近品牌发展。

其中,商业模式的设计非常关键。在这个自媒体时代,每个人都是一个自媒体,都可以分享。但是,如何促进用户分享才是关键。为达成用户主动分享,需要有一整套的分配模式和利益刺激,通过口碑带动其他经销商和用户的加入。并且,实体店也可以融合互联网商业模式,让老客户与存量客户带动新客户,快速实现裂变和增值。

4. 打造平台、形成生态。新零售模式下，实体店仍然是成交和体验的主要场所。传统零售业向新零售转变初期，要利用线下实体店往线上引流，通过代理商、加盟商的控制力，引流到线上平台。当平台逐渐形成之后，就可以通过线上平台为线下店铺赋能，从订货、交易、服务、体验等多个方面，提升客户价值。

总而言之，传统零售向新零售转变的过程中，要综合考虑多个方面的因素，才能实现平稳转型过渡。

第二节　新模式：消费者主权时代，倒逼商家转变

新零售的出现打破了传统零售模式中以产品为中心的模式，转变为以消费者为中心的零售模式。随着互联网的飞速发展，每个人都成为了一个自媒体，其发表的任何言论都可能对商家产生巨大影响。因此，在这个消费者主权时代，倒逼商家向以消费者为中心转变。总体来说，新零售要求商家不断满足消费者日益复杂的多样化需求，由传统的以商品为核心的单向产业链转变为以消费者为中心的产业闭环。

Costco，是美国最大的连锁会员制仓储量贩店，其销售规模达1千亿美金、利润达20多亿美金、市值400~500亿美金。与老牌零售企业沃尔玛相比，Costco作为一家年轻公司，它的销售额大概是沃尔玛的1/6，利润是1/5，市值是1/4，Costco的年增长率约为6%，沃尔玛约为2%。其经营模式的核心，就是以消费者为中心。

第一，为消费者提供优质服务。

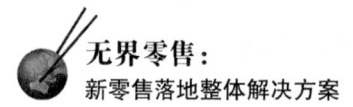

  Costco以消费者为导向还体现在为消费者提供更多更好的服务。比如无限期退换货服务，大部分美国的零售商，都会为消费者提供在一定期限内的退换服务，但是Costco的大部分商品的退换都是无限期的，即便是糖不甜、花不香等理由都可以退换，而且不需要提供小票，提供要退换的商品即可。

  Costco有一款汉堡的价格，自刚成立起就一直没有改变过，30年了，仍然是1.2美元。

  Costco的汽油价格是全美最低廉的，但是只有会员才可以享受。除此以外，还包括洗照片、洗车，等等，这些服务沃尔玛都没有。

  在过去的20年里，Costco会员复合增长率达到了22%，会员续费率超过了90%，尤其在美国人员流动率不高的二三线城市，大部分地区续费率甚至超过95%，即除非客户搬家或者其他情况，否则基本都会续约。而Costco之所以能够取得这样的成绩，离不开其优质的服务。

  第二，试吃。大部分的商家在举办试吃活动时，通常会将一整个商品分为多个小块，每个人只能拿一小块试吃，而Costco却是将一整个商品免费赠与消费者试吃，甚至可以让试吃人员吃饱。

  第三，超高性价比的年费。如果Costco承诺不赚取商品差价，只要消费者肯提供55美元的年费即可，大多数人都会同意。因为这相当于一年花了55美元雇了一个仆人去采购商品，而且这个仆人不但全球采购，还会为消费者提供很好的服务，为消费者去向大的品牌商争取更低廉的价格。55美元性价比非常高，这也是为什么续费率在90%以上的原因。

  Costco是一家典型的以消费者为导向的零售公司，一切以消费者为中心。也正是其始终以消费者为中心，才获得了广大消费者的认同，自身也获得了长远的发展。

■ 塑造以"人"为中心的商业模式

消费者主权时代,新零售塑造了一个以"人"为中心的商业模式。在以往的销售模式中,商家的任何经营行为都是围绕商品进行的。从供应商采购商品,再到向消费者销售商品,消费者处于链条的最末端,消费者对于商品的意见反馈往往需要经过多个环节还能反馈给供应商。这样的零售模式无疑忽略了消费者的重要性及价值。而在新零售模式中,塑造的一个以"人"为中心的商业模式,线上线下以及物流,在充分利用大数据、云计算以及人工智能等新技术的基础上,都是为了能够及时获取消费者的信息反馈,并不断更新换代以满足消费者的需求,在提升消费者的购物体验的过程中,为企业创造更大的利润。

■ 不断满足消费者的多样化需求

随着科技的不断发展,以及生活水平的不断提高,消费者的消费需求的变化主要表现为以下几点(见图1-1)。

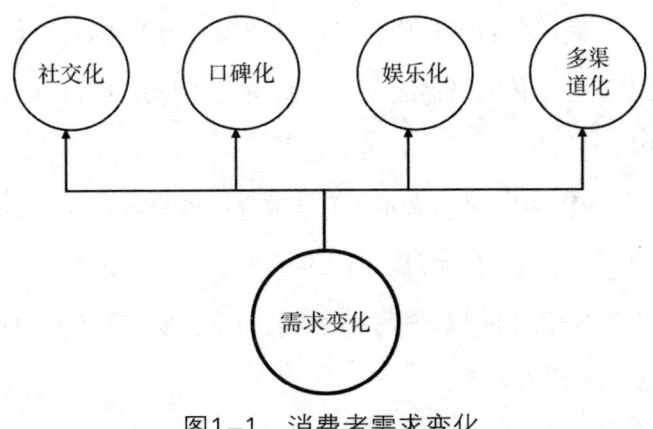

图1-1 消费者需求变化

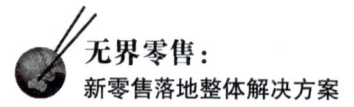

其消费过程也逐渐发生了以下变化（见图1-2）。

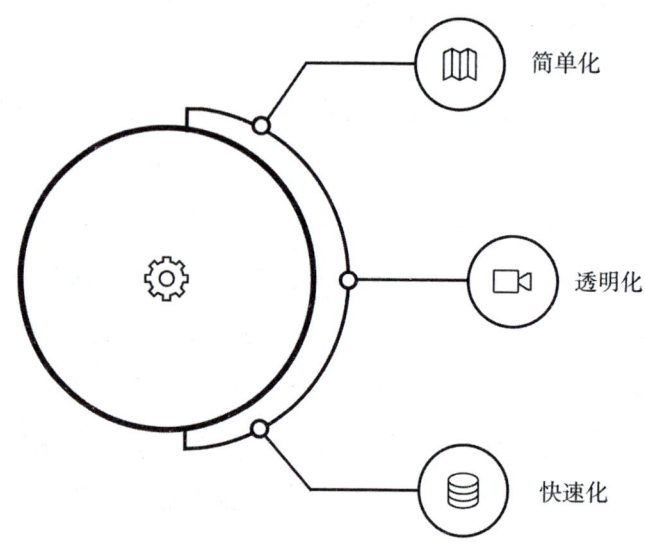

图1-2 消费过程变化

基于这样的情况，新零售为了满足消费者的多样化需求，也转变了经营模式。

新零售通过将线上线下相结合，充分发挥线上网络店铺和线下实体门店的优势，结合现代物流，充分满足消费者对于购物过程快捷、方便的需求。同时，新零售构建了消费场景，为消费者提供场景化的购物体验以及定制化的产品服务。从而满足消费者的社交化、娱乐化的购物需求。

在新零售模式中，消费者不再只是零售链条的终端买单者。他们还可以参与到产品设计、定制以及加工生产的过程，享受定制化服务。总体来说，新零售模式下，以消费者为核心的零售模式在不断向精细化、柔性化以及定制化方向转变。

■ 供应商反应能力显著提升，及时响应消费者

以消费者为中心的新零售，将大大提升供应链的响应能力，大幅降低企业成本，实现零库存，提升市场快速反应能力。以大数据分析等新技术为基础，供应商能够准确、迅速地对消费者的消费行为进行分析，快速捕捉新的消费趋势，准确定位目标市场，从而实现按需生产、精准营销、去库存。

例如，阿里巴巴打造的新零售业态——盒马鲜生，为了提升供应链的响应能力，阿里巴巴依托其天猫所收集的大数据，实现了精准选址。盒马鲜生以一个门店为核心，构建了三公里社区会员网络。盒马鲜生打造了一个大数据平台，以便对其仓储实现实时的控制。当通过大数据分析得出哪一类商品的货品需要补充时，仓库便会及时补充。并且，不论是供应链、销售还是物流，都完全实现了数字化，保证了上架、拣货、打包以及配送等多个环节的数字化和智能化，有效提升了人效、坪效和物流效率。

■ 提升整个供应链的运转效率

新零售模式下，零售商仍然以"商业中介"的身份出现在零售过程中。但是，由于新零售模式要求整个产业生态扁平化，全渠道化，中间环节大大减少，因此，运转效率较传统零售模式有了很大提升。

新零售模式下，以往的分级批发和经销商将逐渐减少，传统的销售渠道变为了全渠道。各种市场信息在互联网的加持下流转速度不断加

快,零售的重心逐渐向消费者转移,最终形成消费者、零售商以及供应商之间相互交流互动的一体化商业关系。

第三节 新思维:思维激变,5F思维下的I LOVE SIMPLE

新零售时代,不仅零售模式发生了翻天覆地的变化,零售商的思维同样也应该做出巨大转变。将思维转向新零售思维,是零售商由传统零售向新零售转变的关键。只有拥有新思维,才能学会从全新的角度重构零售模式。因此,零售商要着力进行思维激变,树立5F思维,遵循I LOVE SIMPLE原则。

■ 5F思维:移动互联网时代的零售新思维

5F思维,又称为移动互联网思维。企业在树立新思维时,就要树立5F思维,从五个不同的方面更新自己的零售思维与经营思路。

1. First,第一思维。所谓"第一",指的是占据用户心目中的第一。如今,是消费者主权时代,新零售强调的是以用户为中心。因此,商家所树立的新思维,首先就要围绕用户,树立第一思维,占据用户心目中的"第一"。

随着移动互联网技术的不断发展,人们的时间逐渐呈现出了碎片化的态势。在这样的情况下,用户对于某件事物往往更加"喜新厌旧"。

而这也决定了用户在短时间内，几乎只会接受他们心目中的"第一"。因此，树立First，第一思维是做好新零售的重要思维。

2．Focus，焦点思维。移动互联网时代，各类产品处于大爆发的状态，用户的身边充斥着大量的产品。并且，用户已经没有大块的时间慢慢了解一件产品。在这样的情况下，企业如果求大、求全，就会极易使自己的产品缺乏特色与焦点，从而使用户无法关注到你的产品。因此，在新零售时代，企业要树立焦点思维。

焦点思维，主要包括以下三点内容（见图1-3）。

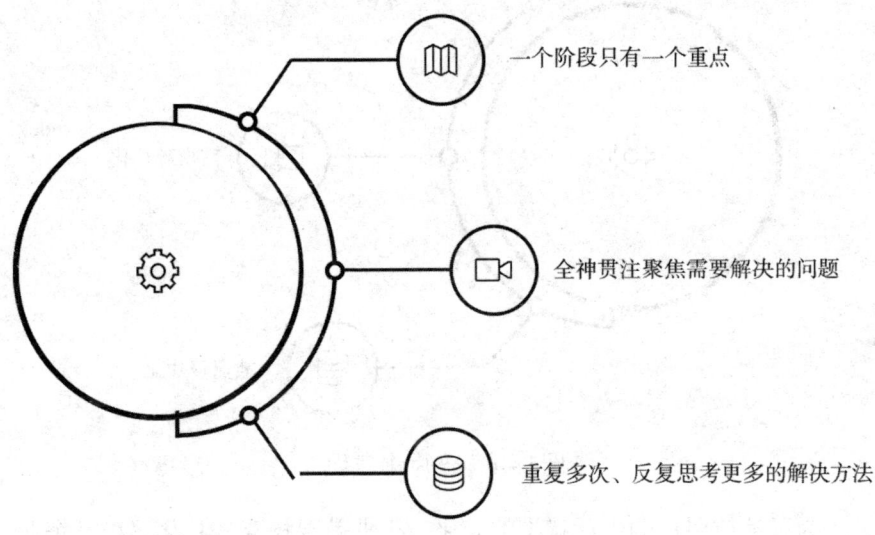

图1-3　焦点思维主要内容

企业树立焦点思维，就要学会做减法，明确自身品牌的焦点优势和战略方向。当确定了品牌特点与主打方向后，就要从一而终地坚持，将产品在某一个方面做到极致，提升品牌记忆度和好感度。

3．Fragment，碎片化思维。碎片化思维是移动互联网带来的全新思维理念，它不仅要求我们具备在碎片化的时间里进行集中思考的思维能力，还需要利用碎片化的时间去深刻地影响用户和影响用户决策；它意味着企业或品牌必须将完整系统的品牌认知和营销信息，可以转化成碎片化的信息，进行传播和植入，还要能够在用户的印象中重新组合起来。

随着移动互联网的不断发展，人们的时间呈现出了碎片化的状态。主要表现为以下三个方面（见图1-4）。

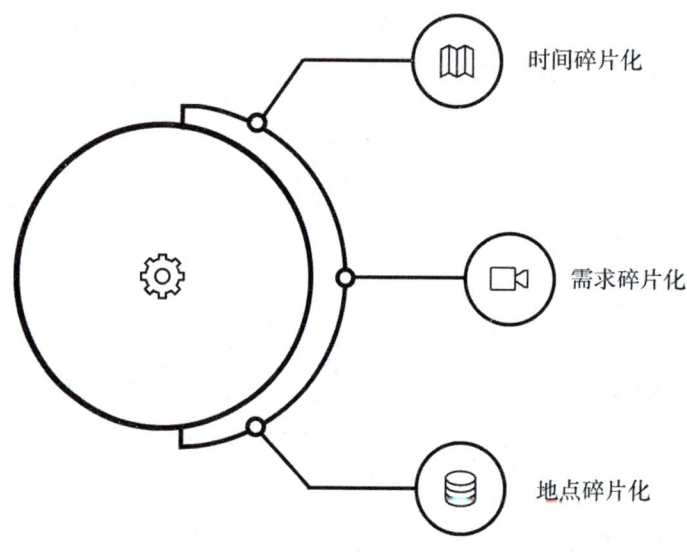

图1-4　碎片化表现

为了适应用户的生活状态的变化，企业就要树立碎片化思维。企业如何在碎片化的时间中，快速做出决策，以及如何在用户的不确定性中帮助其进行快速决策。同时，也要学会借助更多有价值的内容和个性化的服务进一步覆盖甚至霸占消费者的碎片时间。

4．Fans，粉丝思维。移动互联网时代，"粉丝"是一个关键词。以往，只要产品质量好，就会有很好的销量。但是，在移动互联网时代，商业模式已经由以往的B2C模式转变为了C2B模式。其中，C是意见领袖，B则为跟随者。意见领袖对于跟随者的影响至关重要。这就是粉丝经济，在这样的状况下，则要树立粉丝思维。

首先，明确目标用户群。企业要知道自己的目标用户群在哪里，以及他们的喜好。根据用户群的喜好做针对性销售。

其次，要"以用户为中心"，而不是"以自我为中心"。在传统零售模式下，商家思考的问题往往是"怎么把我的东西卖出去"，而并不会想"我的顾客需要什么"。这样的思考方式决定了商家无法做出真正符合用户需求的产品。而如果能够树立粉丝思维，商家就能够站在用户的角度考虑问题，所设计出的产品往往更加容易引起用户的共鸣。

例如，在销售过程中，我们往往会遇到同一个问题——顾客考虑、犹豫时间长，甚至在这期间被竞争对手"夺走"。之所以会发生这样的情况，是因为我们的产品质量不好吗？还是因为营销方法不到位？实际上，当顾客在购买一件商品时，往往会考虑到"购物风险"，如购买后发现商品质量不佳，会不会给自己造成损失。正是这样的"购物风险"，拉长了顾客购买前的犹豫时间。

站在新零售下的"以用户为中心"的立场上，商家应该站在用户的角度，尽可能地解决用户"我买完你的东西会不会受到损失"的疑虑。而解决顾客这一疑虑的最佳方式莫过于风险转移，即将本可能让顾客承担的风险转移到商家身上。

青岛德佳教育作为一家培训公司，率先提出：不下证，全额退款。这一举动有效将顾客所顾虑的风险转移到了企业身上。德佳教育提出：在服务期间，如果公司为能够按照既定标准达到客户预期的结果，德佳教育将承担全部责任，返还全部费用的同时，相关主要负责人也会亲自致电客户道歉。并将这些规定全部写入了合同。

德佳教育的这一转移风险的举动,彻底打消了已有客户与潜在客户的疑虑。自从其"风险转移策略"实施后,客户忠诚度明显提升,转介绍的客户数量也较之前增加了2倍之多。

最后,让顾客成为品牌的粉丝。这是最后也是最为关键的一步。只有用户成为了品牌的粉丝,才能最大限度地增加用户粘性,让品牌拥有忠实的用户群。

5．Fast,快一步思维。这是一个速度当先的时代,企业若是做决策或是布局发展稍慢一步的话,就会失去先机,后期要以成倍的代价才能弥补错失时机的劣势。在这样的情况下,企业就要树立快一步思维,只有占得先机,比竞争对手快一步,才能在市场上占得一席之地。快一步思维,主要表现在以下几个方面(见图1-5)。

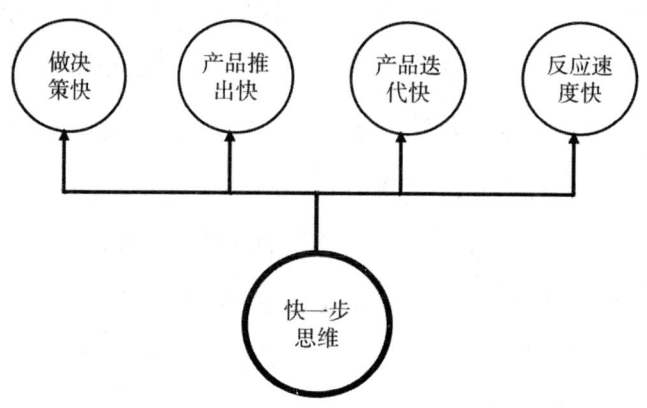

图1-5　快一步思维

小米作为互联网产品品牌,正是因为有快一步思维,才有了今天的成功。作为一家创业公司,小米以惊人的速度膨胀,从智能手机、操作系统到应用商店,再到盒子、电视、甚至是平板电脑,迅速建立了自身的生态系统。

■ 利用I LOVE SIMPLE将5F思维转化为行动

企业不仅要树立思维，最重要的是，要将思维转化为行动，才能真正使企业通过5F思维获益。而要将5F思维转化为行动，就要遵循I LOVE SIMPLE原则。

所谓I LOVE SIMPLE原则，包括以下内容：

首先，I，即围绕每一个消费者

然后，营造家人般的LOVE原则：

即Listen to me，倾听我

Omni-channel experience，全渠道一致体验

Value，价值感

Engage，参与感

最后，简约到极致的SIMPLE原则：

即Scream，让用户尖叫

Iterative，快速迭代

My favorite，给我想要的

Personalized，个性化

Limited，有限的选择

Efficient，效率高，三步搞定

归结起来，就是企业要围绕每个消费者，为其营造家人般的消费体验，倾听他们的诉求，为其提供全渠道一致性体验，同时，加强其价值感和参与感。除此之外，在设计产品时，要力求简约。满足消费者的个性化需求，给其真正满足其痛点的、让其尖叫的产品。同时，还要实现

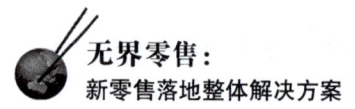

产品的快速更新迭代,不断推出新产品,以满足消费者不断变化的需求。

第四节　新技术:大数据、物联网、VR智能

消费者主权时代下,新零售要求从以往传统零售的以产品为中心理念彻底转换到以消费者为中心的零售理念,重构一套新的以消费者为中心的零售技术体系,而这必然需要新技术的依托才能实现。简言之,新技术,是进军新零售的必备"武器"。

■ 大数据

"大数据"一词对于大多数人并不陌生,在过去十年中,其广泛渗透于生活的各个方面,诸如社交、移动APP、便利店的POS机、个人电子钱包等。人们的每一个行为,都被记录为数字,转化为数据被存储、被分析、被运用,这些数据在生成的时候是彼此独立的,貌似杂乱无章的。但是,当大量的数据聚集在一起后就会得到客观而又准确的统计结论,进而指导各种商业行为决策。新零售模式下,仍然离不开大数据对用户行为的精准分析。

1. 利用大数据预测用户需求。这是大数据在新零售模式下的最主要,也是最核心的应用。通过收集、分析、整理用户的消费行为习惯,并通过包括人工智能、机器学习等在内的先进技术和数学建模对用户的需求进行准确预测,并据此找出每个用户的需求。

在制造产品和提供服务时，可以根据大数据产生的用户需求，给每个用户他真正想要的，实现私人订制，在给用户良好体验的同时提升产品销量。

但是，大数据的这一应用有赖于商家与用户的高频、持续的互动。互动越频繁，采集的数据就越多，分析结果就越准确。

2．利用大数据营销提高产品转化率。正所谓"千人千面"，每个用户都有不同的购物需求。定制，是新零售的显著特点。利用大数据，则可以根据用户的需求做精准营销，从而提高产品转化率。

大数据赋能下的新零售，用户的每一步行为都会留下大量的信息，通常各种类型的数据会混杂在一起。针对这些数据，商家需要充分将数据结构化并进行大数据挖掘，从而提供个性化购买建议和促销信息，提供全渠道的客户购买体验，激发他们的情感连接。

3．利用商业仿真技术辅助经营决策。大数据在新零售的应用不仅表现在面对消费者的方面，对于商家的决策制定也有重要作用。

需要做出决策时，可以借助计算机特有的功能，运用仿真技术，针对供应链流程中的随机因素，引入各种约束条件，构建出若干个相互关联的供应链场景模型，根据随机因素的特定概率分布，以真实供应链管理的情景为参照物，进行模拟、比较、优化，并通过反复的计算，全息模拟各种动态经营决策，给企业经营者再现真实的业务场景并进行管理决策、模拟和演练，为经营者最终的管理决策提供重要支撑。

如商家在开展一次营销活动时，就可以利用商业仿真技术，通过将营销方式、成本、地点等因素不断变换，找出其中的最优组合，将营销效果最大化。

4．用大数据服务于其他零售环节。新零售模式下，商家的任何经营活动都是围绕消费者进行的，而大数据则可以为零售的每个环节提供消费者行为依据。

例如，阿里巴巴旗下的盒马鲜生，其仓储的一个重要环节——智能补货，正是充分运用了大数据。通过分析该门店周围消费者的消费习惯，可以准确预测该门店的"畅销"商品，并及时补货。

■ 物联网

物联网，是互联网与传统电信网等信息的承载体，是让所有具有独立功能的普通物体实现互联互通的网络。物联网的应用，仍需以互联网为基础。同时，物联网将其用户端延伸和扩展到了任何物品与物品之间，进行信息交换和通信。可以说，物联网就是"物物相连的互联网"。

在新零售中，物联网是整个新零售产业闭环的最后关键点。物联网可以利用极低的成本，将实体的商品信息数据化，从而将线下零售的所有商业行为都搬到互联网上，实现线下与线上的连接。可以说，正是物联网，实现了线上线下的融合。

物联网在新零售模式下，具有多种应用途径（见图1-6）。

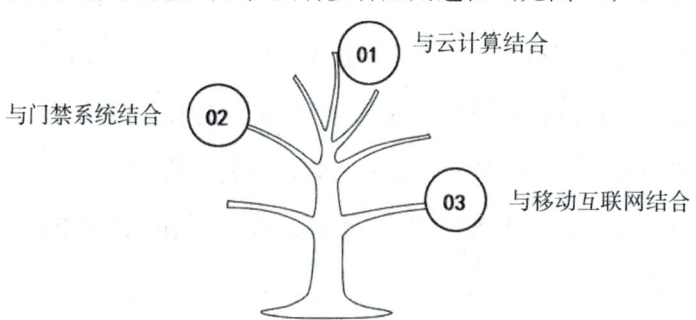

图1-6 物联网在新零售模式下的应用途径

苏宁与南京智杰物联科技就建设"新零售智慧社区"达成了战略合作。将物联网与门禁系统结合，为社区居民提供优质的智慧社区服务。

与传统的门禁相比，智慧门禁需要实名认证，连接线上APP，如此，让手机变成了一把电子钥匙。当有客人到访，输入门牌号码，房主的手机端则会提示，并可以在视频确认无误后实现远程开锁。此外"智慧门"上还安装了一块LED显示屏，政务、天气、交通等一系列便民信息，可以通过手机APP上传。居民也可以把对家人的生日祝福语等通过手机上传，"智慧门"就变成了一个自媒体显示屏。

■ VR智能

VR智能，又称为虚拟现实技术。新零售模式下，VR智能是保证线上购物体验的重要法宝。

以往线上消费模式中，消费者只能通过图片与短视频了解商品，损失了线下体验这一环节。而VR智能虚拟现实购物的出现给人们带来了全新的购物体验，利用VR技术，消费者可以在线上通过头显获得沉浸式体验。

在零售商定制的虚拟世界中，消费者可以将传统的在线购物元素与3D体验结合起来，深度参与购物环节，以提升消费者的购物体验舒适度。VR智能加持下的新零售，消费者既可以享受线上购物的便捷，又可以获得线下购物的良好体验。

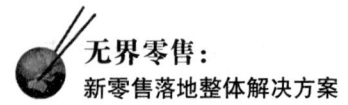
无界零售：
新零售落地整体解决方案

第五节 新制造：由规模化、标准化转向定制化、个性化和智慧化

在新零售模式中，马云对制造方式也提出了新的概念。他认为，在新零售模式下，制造方式也会发生翻天覆地的变化。从以往强调的规模化、标准化，转向智慧化、个性化以及定制化。随着物联网的革命以及大数据的产生，制造行业需要做到按需定制，满足消费者的个性需求，从以往B2C的制造模式向C2B模式彻底转变。传统零售业在向新零售转变的过程中，也要做好新制造。

■ 新制造，新特点

依托互联网+转型，新零售模式下制造产业也有了新的特点。

1. 自主品牌。新制造模式，最重要的特点是改变了以往依靠加工订单来赚取微薄利润的生存方式，转而以打造自主品牌为主。企业利用大数据等先进技术，准确获取市场需求，并精准定位用户群。根据用户的爱好、需求，有针对性地定制个性化品牌。如此，不仅可以让产品更加适应用户需求，还能够有效增加企业利润。

2. 自主研发。新技术为制造业赋能。在新制造模式下，更加重视并依赖于研发技术，坚持自主研发创新。新制造更加注重自主研发，通过技术创新，建立企业自身的技术壁垒，以保持技术的核心竞争力，以此不断增强企业实力。

3. 由标准化生产转向个性化生产。新零售模式下，企业的任何一项经济行为都应该更加精准。在产品生产方面，则表现为需求个性化、产品定制化。消费者主权时代，消费市场已经由原来的以卖方为主导的市场，逐渐变为以买方为主导的需求性导向市场。制造业也已经从最开始美国福特式为代表的大规模生产方式，发展到如今以消费者需求为导向的个性化定制生产方式——C2M。

新制造业中的定制，表现在产生订单、产品生产等多个环节。其中一个明显的优势即可以用零库存的方式生产，有效降低企业库存成本，提升产品溢价，进而提升企业利润。

4. 由自动化生产转向智能化生产。新的制造方式与以往的制造方式相比，更加智能。智能生产系统是一种由智能机器人和人类专家共同组成的人机一体化智能系统。生产过程中，可以用一种高度柔性与集成的方式，借助计算机模拟人类的活动，并进行分析、推理、判断、构思以及最终决策。新制造中的智能生产方式可以大大提升生产效率，同时更好地保证产品质量，最大限度降低生产成本。

5. 充分利用大数据和物联网。大数据与物联网是新零售模式中两项重要的新技术。新零售模式下的新制造方式自然离不开大数据和物联网。大数据方面，制造业要活用各类大数据，通过数据实现精细化管理。例如，可以使用大数据，洞察用户的真实需求，并根据需求生产用户真正需要的产品；此外，还可以将大数据运用在仓储方面，对企业的仓库库存实施科学管理。物联网方面，则可以利用物联网将企业的软件与硬件进行连接，提升企业的信息化。

6. 云计算。新制造同样离不开云计算。利用云计算平台，可以将身处不同地域的研发人员汇集起来，集思广益，以生产出更好的产品。在云时代，制造企业的信息化应用无需购买任何软硬件产品，也无需部署信息化平台，企业可以通过租赁软硬件系统方式来满足企业业务需求，按照使用多少来支付费用。这不但能有效减少信息化投入对企业资金的占用，而且能大副的帮助企业节省成本。

7. 由集中化工厂生产，转变为分布式生产。在传统的生产方式中，更加偏向于集中化生产方式。在这一过程中，企业只能在特定的、有限的地理空间进行大规模的生产。但是，在新制造模式下，随着对个性化、柔性化生产要求的不断提升，某些生产环节可以从既定的生产链条中抽离出来，通过分包或者众包的形式完成，在提升生产效率的同时，有效降低生产成本。并且，还可以通过这样的方式引进更多的社会资源，不断扩充企业的实力。

■ 新制造的应用与体现

目前，新制造已经有了多种途径的应用，为制造业带来了新的生机。

例如，利用新制造技术生产机器人。在武汉，利用新制造技术生产出的一款机器人，可以在一分钟内，解码出包括毛孔、皱纹、色斑等在内的8大皮肤指标。武汉嫦娥医学抗衰公司生产的皮肤解码机器人，以个性化、数字化、影像化等指标，让爱美的女性拥有无时不在的"肌肤保养顾问"。

在新制造模式中,将人工智能融入机器当中,实现人机协作。智能汽车就是其中一个非常典型的代表。其中,谷歌和百度的无人驾驶汽车已经上路,武汉光庭科技有限公司、武汉依迅电子信息技术有限公司的自动驾驶车也上路试跑。

第二章
用户洞察：无人与有人，都是为消费者而生

进入消费者主权时代，新零售要求商家将销售模式由以往的以产品为中心转变为以消费者为中心。不论是产品研发、生产、还是营销推广，都需要以消费者为中心。而为了更好地了解、掌握用户的需求，就需要充分利用用户洞察。只有更深层次地了解用户，不断挖掘用户的真实需求，才能成功打造新零售。

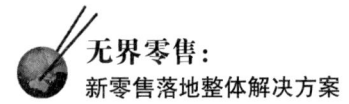

第一节 精准定位,细分市场

新零售模式,不再是以往针对一大批人所进行的标准化、规模化的生产经营。消费者主权时代,更加强调针对用户进行定制化。这就要求商家能够定位用户,细分市场。根据不同用户的不同需求,进行差别化销售,以满足不同用户的个性化需求。因此,商家在由传统零售向新零售转变的过程中,要学会定位用户,细分市场。

■ 依据四个标准细分市场

细分市场,是用户洞察的关键环节。为了更加精准地细分市场,可以将以下四个标准作为市场细分的依据。

1. 人口社会、经济地理。这是市场细分中最明显标准。例如,当我们按照人口社会细分市场时,可以将用户分为20~30岁,或者50~60岁。而当按照人口地理进行市场细分时,则可以将用户划分为收入在3000~4000元的职场新人,或者收入在一万元左右的白领。通过这样的方法,能够迅速划分市场范围,并将用户衡量要素量化。但是,这样的细分方法由于没有涉及到用户的主观想法,仅仅涉及到其客观条件,因此,这样的目标人群与其未来的购买行为并没有直接关系。

2. 行为消费标准。指用户在消费者表现出的各种行为。主要包括以下几个方面的内容（见图2-1）。

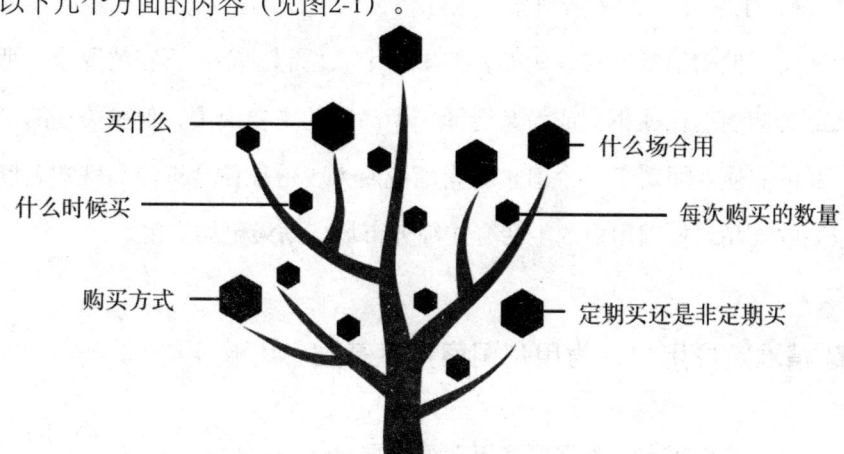

图2-1　用户行为消费标准

通过分析用户的行为消费标准，可以迅速将不同的用户进行细分，这样细分出的结果也更加具有实际意义。

3．品牌动机。即用户选择这一品牌的动机。当我们选择一件商品时，可能是因为价格便宜，也有可能是因为款式新潮，或者是因为该品牌具有一定的影响力。根据品牌动机划分用户，有利于商家的针对性营销。品牌动机，通常包括以下几个方面的内容（见图2-2）。

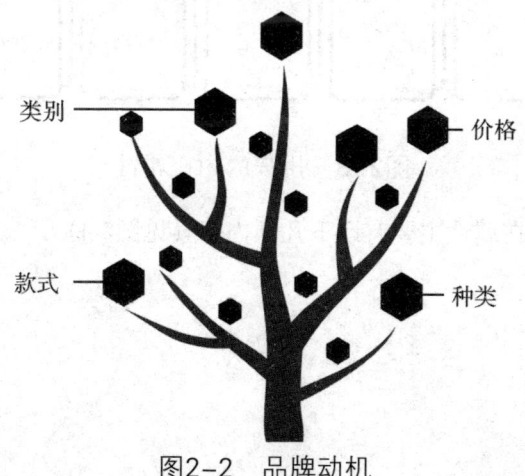

图2-2　品牌动机

4. 生活方式，文化潮流。实际上，一个人的生活方式在很大程度上决定了他的消费方式。例如，如果一个人思想独立，不随波逐流，那么品牌知名度往往不会成为其选择一个品牌的主要因素，他更关注的是产品的品质。而对于一个追求时尚潮流的人，他往往会选择品牌知名度较高的产品。根据用户的生活方式细分市场，结果更加实用。

■ 精准定位用户，为用户洞察打下基础

精准定位用户，共需要经历七个步骤：

1. 初步界定用户。要实现精准定位用户，首先要分析、界定目标用户。界定用户，主要从用户的内在属性和外在属性两方面进行。内在属性主要包括以下几个方面（见图2-3）。

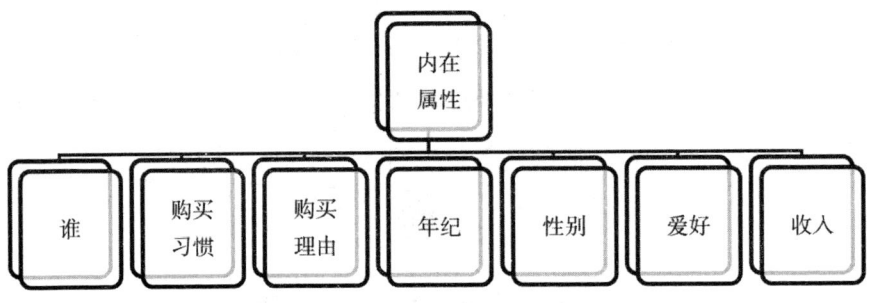

图2-3 用户的内在属性

用户的外在属性主要有以下几项内容（见图2-4）。

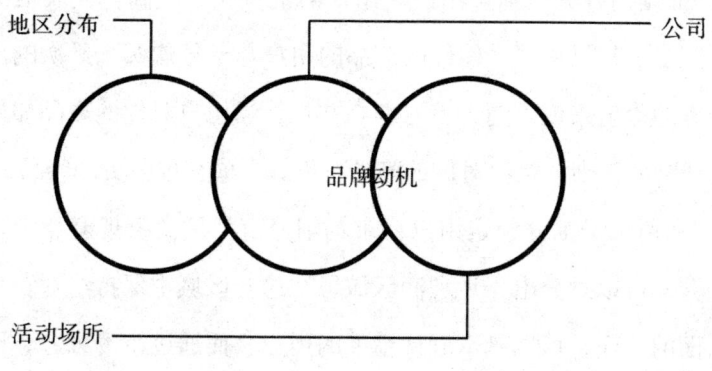

图2-4 用户的外在属性

2．以购买能力为依据区分用户。用户，一定是有能力购买你的产品的人。因此，在定位用户时，首先要筛选出那些有购买能力的人，没有购买能力的用户对于商家没有实际意义。通常，判断一个用户的购买能力，可以通过其收入、平均消费水平等确定。

3．利用消费历史映射用户。一个人的消费历史不仅可以反映出他的消费习惯，还可以在一定程度上预测其之后的消费行为。因为，一个人的消费历史，代表了他对产品类别的认知、需求以及再次购买的可能性。从一个人的消费历史中，可以轻易地挑选出那些对你的产品有所了解，不需要进行常识教育的用户。这可以大大提升销售效率。

4．依据购买需求决定用户。用户会选择购买一件商品，只能是因为他对这款商品有需求。因此，在定位用户时，购买需求是一个重要的分析因素，它在一定程度上决定了用户购买的速度与可能性。

当我们分析用户的购买需求时，可以从其消费历史和其关注焦点获得。如果用户曾经购买过与你的产品功能类似的产品，即证明它在这一功能方面有需求，那么其购买你的产品的可能性就会远远高于没有需求的用户。

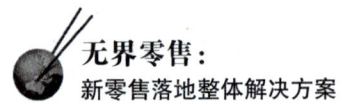

5．依据消费频率筛选用户。用户的消费频率越高，代表他的价值越大。一个一年只购买一件你的产品的用户与一年购买一千次的用户，对于商家的价值来说可谓千差万别。并且，当用户对你的产品如果有较高的消费频率，则证明他对你的产品有偏好，成交也会更加容易。

6．利用市场细分锁定用户。市场细分有利于商家规避竞争，通过市场细分，可以划分出一片利润区域，在这一区域中保持绝对竞争力。通过前面的工作，可以基本确认精准的用户，而通过市场细分，则可以锁定用户，以便更好地进行用户洞察。

7．提取精准用户的特征。这样能够帮助商家清晰、快速地找到有价值的用户。在提取用户特征时，首先要分析老用户。通过分析老用户，并从中挑选出具有代表性的用户，提取用户的共性特征。

第二节　穿用户的鞋子，感受用户的体验

　　用户洞察，就是发现用户的某种强烈的、真实存在的需求。因此，必须站在用户的角度，感受用户的体验，只有这样，才能找到他们真正的痛点。很多企业在做用户洞察时存在一定的误区。他们总是习惯站在企业的角度寻找用户需求，把他们认为用户需求的给到用户，但是，这些却往往不是用户的真实需求，因而也就无法打动用户。在做用户洞察时，只有穿上用户的鞋子，感受他们的体验，才能知道他们真正需要的是什么。

　　例如，当企业在通过自媒体途径进行产品宣传时，为了提高阅读

量,总是将重点放在10W+排行榜上。当前什么内容最火,便跟风写该内容的文章。以至于企业的公众号总是出现不同类型的内容,其中既有各种娱乐八卦,又有时事新闻。但是,即使这样"跟风",阅读量仍然没有明显的提升,产品的营销推广效果自然不理想。

究其原因,就是因为企业没有站在用户的角度洞察用户的思想与需求。如果企业的公众号发布的内容杂乱无章,各篇文章之间没有一定的关联性,为了获取多样性的内容,用户只需要下载一个今日头条APP即可,没有必须关注你的企业公众号的理由。

对于用户而言,要持续关注一个企业的公众号,必然是它的内容是自己需要的,且企业的公众号是获取该类信息的唯一渠道。因此,只有站在用户的角度,知道用户真正想要什么,并根据用户需求定制产品,为其提供使用价值,才能获得大量忠实的用户。

■ 用户视角是真正符合企业利益的角度

很多企业在做用户洞察时,习惯站自己的角度看问题。认为只有从自身角度分析问题,所实施的经营活动才能真正符合企业利益。实则不然,当我们站在企业的角度看问题时,往往会陷入一种误区,无法发现用户真正的需求,同时,也无法做到真正考虑用户的利益。

例如,一些企业在利用微博、微信等社交媒体进行营销推广时,常常会举办一些"转发抽奖"活动。这样的活动从表面看,可以利用少量的资金便可以让很多人转发,进而提升曝光率,似乎很符合企业的利益。

但是，实际上，由于转发的内容并不符合用户的需求，对用户没有实际作用，因此，并不能引起用户的兴趣。而能够忽略内容，仅仅因为转发红包而进行转发的账号，往往在之前已经转发过多种类似对于用户无效的信息，导致其粉丝要么屏蔽，要么视而不见。最终，企业付出了利益，却没有将内容真正传播出去。

这一现象就是因为只站在了企业的角度看问题，而忽略了用户视角。实际上，用户视角才是真正符合企业利益的角度。如果能够站在用户视角看问题，为用户提供他们真正想要的，则往往会事半功倍。

■ 解决用户视角障碍，学会站在用户视角洞察用户需求

用户视角在用户洞察方面具有重要作用。在打造新零售的过程中，为了可以站在用户视角洞察用户需求，就要学会使用用户视角。但是，很多企业用不好用户视角，主要有以下一个原因：

1. 反直觉。直觉，指人对大脑中已有认知的思维惯性，当看到一件事物时，人往往能够调出大脑中与之有关的记忆，并利用思维惯性思考问题。反直觉，正是与直觉相反的现象。生活中，有很多反直觉现象。例如，当我们看到鸟因为有翅膀所以能飞，就会认为人插上翅膀也能飞，实际却飞不起来。

人天生会关心自己，表达自己的感受，同时，也会不自觉地站在自己的视角看问题。企业在经营过程中，如果不能克服这种惯性，就非常容易变成站在企业自身的角度看问题，而无法使用用户视角看问题。

2. 幸存者偏差。指只能看到经过某种筛选而产生的结果，却忽略了筛选的过程以及被筛选掉的关键信息。放置于企业经营中，表现为当

企业进行用户调查时，特别是通过第三方调研公司进行用户调研时，往往会忽略掉一些重要的变量因素，导致调查结果偏离了用户视角。

3．知识陷阱。很多商家在做用户洞察时，往往会强调自己是站在用户的角度提出的建议。但是，由于提建议的人对该项工作的认识往往与用户真实的理解程度存在很大差别，以至于他所提出的建议与用户真实的需求相差甚远。

明确了用户视角在实际使用中存在的障碍时，就要寻找方法不断克服障碍，以实现真正在用户角度看问题。

首先，建立用户视角的意识。用户视角障碍的形成，往往是因为人自身的原因造成的。要克服这些障碍，首先要从自身做起，建立用户视角的意识，当进行经营决策时，要克服惯性，有意识地强迫自己克服生理障碍与心理障碍，使用用户视角看问题。

其次，以用户行为为分析重点，而不是直觉。人们常说："要看透一个人，不要听他说了什么，而要看他做了什么。"这句话放在用户洞察方面同样适用。当我们进行用户调查时，出于各种各样的原因，使得他说的话可能并不是他的真实想法，或者与他的真实想法存在偏差。而如果能从用户的行为入手，看他做了什么，便能准确知道他的真实需求。

最后，事前检查，事后反馈。在做出决策之前，我们可以进行自我检查。看所做出的每一项决策是消费者的想法还是自己的直觉，决策的提出是否有相关资料支撑。事后要看效果和数据，看用户的真实反馈，看实际效果。

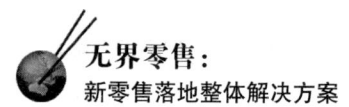

第三节　平均化用户群，满足不同用户需求

在传统的零售模式中，商家往往将全部的用户看成同一类人，不论他们有什么需求，有什么想法，全部都采用一种经营方法。产品的设计、生产以及营销，都没有针对性。而这样做的结果就是忽略了用户的个性需求，产品本身以及营销策略满足不了用户的痛点，效果自然无法提升。实际上，即使是购买同一类型的产品，不同的用户由于自身的实际情况不同，其需求也往往有很大差别。因此，进行用户洞察时，要学会将用户群平均化，将用户按照某些特点细分为用户群，并围绕不同的细分后的用户群，推出与其需求相匹配的产品和服务。

美国波士顿交响乐团是一个著名的乐团，在其售票的过程中，存在一个明显的问题。

虽然波士顿交响乐团不论在装修还是演奏技巧，都属于美国顶尖的水平。但是，大部分的人听了一次之后便不会再来。针对这样的情况，波士顿乐团花费了大量的时间与精力探究原因。最终，经过大量调查，波士顿乐团发现：来音乐厅听音乐的听众类型多样，各有各的特点。例如，有一部分听众来听交响乐的次数非常频繁，占总人数的26%，并且，他们贡献的收入占总收入的56%，在五年之内，他们的人均消费达到了5000美元。波士顿交响乐团把这类听众称为核心用户；还有一部分听众，他们通常只在波士顿交响乐团消费过一次，占总人数的37%，他们贡献的收入占总收入的11%。这一部分听众人数众多，但是，流动性强；除此之外，还有包括在波士顿乐团消费过两三次的人群。

从上述波士顿乐团的调查结果可以发现，听众可以分为不同的群体，并且，每个群体的特点不同，需求不同。而之所以出现很多人来了一次就不会再来的问题，就是因为波士顿交响乐团将所有的听众都视为了同一类人，给其同样的体验，这自然无法同时满足多个种类的听众。

为此，波士顿交响乐团详细分析了每个群体的听众的需求，并制定计划满足他们。例如，针对那些仅仅来听过一次的听众，波士顿交响乐团经过调查发现，这类听众之所以只来一次，不是因为他们觉得音乐不好听，也不是因为品牌知名度低，而是因为他们大多驱车从郊区过来，但是找不到停车位，感觉非常不方便。为了解决这一痛点，波士顿交响乐团制定了一套解决方案：联系附近的停车场，与停车场达成合作，让驱车前来的听众能够顺利停车。该方案实施一段时间后，波士顿再次对听众情况进行调查，发现听众数量明显增多。

通过上述调查改进，波士顿交响乐团发现了平均化听众群，并分别满足不同群体的不同需求的重要性。此后，他们还针对其他听众群体做了改进。例如，经过调查发现古典音乐的听众群年龄偏大，通常为60岁左右，家庭数量较少。针对这一情况，波士顿交响乐团采用了一系列的措施来降低年龄较低的听众，如设置更多家庭座位、增加儿童曲目、学生票价优惠等。最终，波士顿交响乐团成功将听众年龄段由之前的60岁降低为48岁，收入增加了9倍。

实际上，平均化用户群的过程，就是一个用户群细分的过程。通常，将用户进行分群，主要有两种方法。

■ 以用户画像平均化用户群

用户画像，又称用户角色，是一种勾画目标用户的方法。通过用户画像，可以按照用户的不同特点将用户分群，即把用户信息标签化。通过将不同的标签与用户对应，可以逐渐将一个用户从众多用户中区分出来，用户身上的标签越多，划分就越细，用户的特点就越明显。

我们在通过标签给用户画像时，需要综合考虑以下几个方面的内容（见图2-5）来为用户打标签。

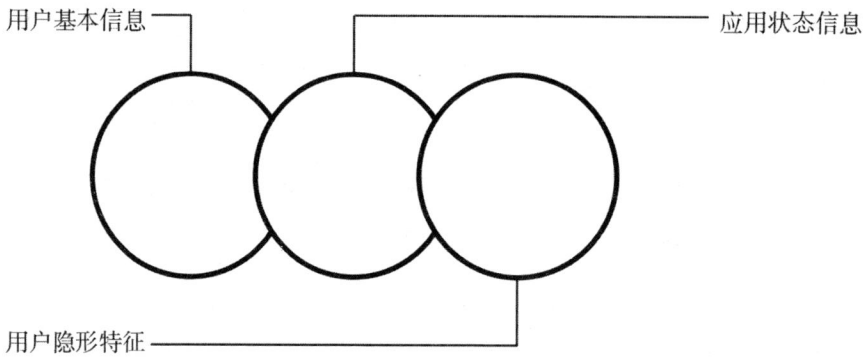

图2-5 用户画像中涉及的用户要素

其中，用户的隐性特征包括消费专业度和其个人喜好等。用户的消费专业度指用户在消费过程中对产品的认知。显然，当我们将一把刀卖给一个普通人和卖给专业厨师所适合的销售技巧是不同的。用户喜好指用户在APP内常用的功能以及所加入的群组。这些内容在一定程度上显示了用户的偏好和特点，有助于更加精准地描述用户画像。应用状态信息则指用户在使用过程中所处状态下产生的信息。

■ 以用户行为平均化用户群

以用户行为为依据划分用户群，指依据用户在接触产品时的行为进行细分。在这一过程中，可以依据用户来源渠道以及用户APP内行为两个方面对用户群进行平均化。

用户来源渠道主要指用户转化渠道，不同转化渠道的用户专业度、消费意愿、基本特征是有较大差别的，有时我们很难直接挖掘得那么详细，这时候就可以把用户来源路径作为用户分群的一个标准，针对不同转化渠道进行针对性运营。

例如，某家零售商是根据注册渠道来细分订阅者，它建立了一个相对大的邮件清单，包括从他们网站上和实体店里注册的用户，然后给这两组用户发不同的邮件，最终，通过邮件得到的收入增长了20%，总体网站收入增长12%，而平均订单额增长22%。

用户的APP内行为主要有以下三个方面（见图2-6）。

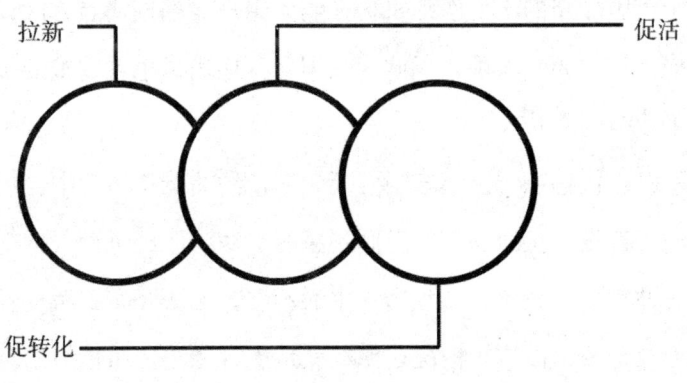

图2-6　用户APP内行为

例如，对于电商类平台来说，用户从注册到下单再到付款是一个完整的路径，但用户在每个步骤过程中都会有一定量的流失，在这样的情况下，就可以根据用户行为步骤来进行针对性运营。例如，在用户下单且一段时间内未付款时，针对这部分用户推送付费提醒，可以有效提高付费转化率。

第四节　从源头痛点捕捉用户需求

洞察用户，实际上就是要从中找出用户的痛点，并用商家的产品满足他。在这一过程中，如果用户痛点找不对，之后所做的所有工作不仅对提升产品销量毫无意义，还会造成商家经营成本的浪费。要想洞察用户需求，就要从其源头痛点入手，解决产生痛点的源头，才能让你的产品真正被用户所需要。

位于美国加州的一所医疗机构在洞察用户，挖掘痛点方面，就是从患者的痛点产生源头入手，以此为依据，打造满足患者需求的服务，从而实现了业绩的提升。

这所医疗机构在一次调查中发现，在预约的老年患者中，大约有三分之一的患者没有按照约定的时间到医院看病。而经过深入调查发现，这类患者通常年纪较大，且独居，生活不便，无法开车到医院看病，只能拨打急救电话。而这一情况，无疑就是患者无法按照预约的时间到医院看病的源头痛点。为此，该医疗机构为生活不便、无法自行到医院看病的患者配备了专车，专门接送这类患者到医院看病。

再如，该医疗机构通过调查研究发现，糖尿病人的截肢率较高，而出现这样的情况，往往是因为一个小伤口。医院没有专门诊断小伤口的门诊部，使得很多患者只能拖延，最终造成了严重的后果。为了满足患者的这一需求，该医疗机构专门设置了一个负责处理小伤口的门诊部。

该医疗机构的此类行为，从表面上看好像是增加了经营成本，但是，实际上，其营收也出现了明显的提升。因为该医疗机构真正解决了用户的痛点，所以，使得其患者推荐率达到了80%，总体成本比行业低18%，住院率比行业低24%，平均住院时间比其他医院低28%。其营收远远高于同类其他医疗机构。

从这一案例中我们可以看出，这家医疗机构之所以能够获得成功，正是准确地发现了患者的痛点，并根据痛点及时捕捉到了他们的需求。新零售模式下，通过源头痛点寻找用户需求，是一个非常重要的环节。

■ 挖掘用户本质、深度痛点

我们常常会将工作用户的痛点看得过于笼统。例如，洗衣店往往将顾客的痛点归结为"洗衣服"，医疗机构往往将患者的痛点归结为"看病"，而餐厅则往往将顾客的痛点归结为"就餐"。实际上，这种概括用户痛点的方法过于笼统，仅仅看到了浮于表面的痛点，而没有挖掘出真正的痛点。

以餐厅为例。很多餐厅将顾客的痛点归结于"就餐"，以至于不论自己的餐厅经营的何种菜系，都将所有的精力全部放在了提升菜品的品质上，就餐环境以及服务等其他各个方面却没有引起重视。这一方式可能适合于一部分只追求菜品质量的顾客，但是，随着生活水平的提升，很多顾客对于餐厅的要求已经不仅仅局限于菜品上,对于就餐环境以及服务水平同样有很高的要求。例如,一些年轻消费群体,相比菜色如何,他们往往更加注重餐厅的环境。如果餐厅环境时尚优美,他们就会拍照、发朋友圈。因此,就餐环境才是这类群体的真正痛点。如果餐厅能够在保证菜品质量的前提下,提升就餐环境,则能够满足这一消费群体的痛点。

桃园眷村是一家著名的"网红"餐厅。在保证产品质量的前提下,桃园眷村非常注重店铺设计。其整体的设计风格为当下年轻人喜欢的清新、轻复古风格。顾客去桃园眷村消费,不仅仅是为了品尝其食品,更是为了拍照、发朋友圈。如此,不仅满足了顾客基本的就餐需求,还满足了其分享的需求。

上述案例中的痛点,就是用户的本质、深度痛点。新零售模式下,商家如果能够准确挖掘用户的本质、深度痛点,用户粘性就会大大增强。

■ 将痛点分类,并不断细分

用户的痛点找得越准确,满足用户需求的可能性就越高。而要想保证用户痛点找得准确,就要学会将痛点分类,并不断细分。

在进行痛点的分类与细分时,我们可以从产品属性(见图2-7)入手,根据不同的产品属性,找出用户不同的痛点。

第二章 用户洞察：无人与有人，都是为消费者而生

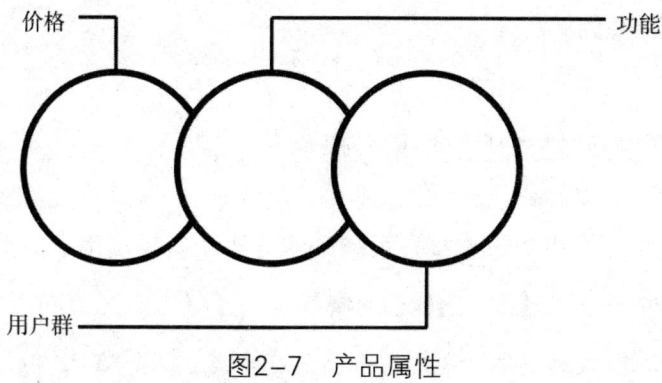

图2-7 产品属性

以空气净化器为例。在寻找用户痛点时，首先，我们可以分析产品的价格。价格较高，则针对的是高收入人群，价格低，则针对的是追求性价比的低收入人群；其次，从功能上说，该产品的侧重点是在于净化PM2.5还是甲醛，显然，两者满足的用户痛点需求是不同的；最后，从用户群入手，该款产品适合老年群体还是年轻消费群体，两个不同群体所存在的痛点同样存在很大差别。

盒马鲜生作为新零售的典型代表，其所支持的外卖配送和现场购买现场制作等不同的服务，正是从用户不同的痛点出发所设计的。外卖配送满足了不想出门，但是对时效性又有较高要求的用户；而现场购买现场制作的服务，则满足了用户"尝鲜"的需求。

再如，传统的自行车通常只满足了人们的出行需求，毫无设计和体验感可言。但是，通过将消费者的痛点不断进行细分可以发现，人们已经不满足于"出行"这一点，对于性能和设计都有了更多的需求。通过将外观设计需求细分，于是有了适合女生使用的小巧型自行车，也有适合男性的运动型自行车。而通过将功能体验需求细分，则出现了各种公路车、通勤车、山地车、智能自行车等不同功能的自行车。正是在不断细分产品的属性和特质的过程中，发现了用户的痛点，并设计出了能够

满足他们痛点的产品。

■ 从用户主动性入手挖掘用户痛点

寻找用户痛点的最直接、最准确的方法，就是从用户的主动性入手，让用户自己"暴露"出他们的痛点。

以前，并没有类似于美团、饿了么这些线上订餐APP。但是，人们对于送餐的需求却早已经存在了。很多人为了方便或者是节省时间，宁愿多花费一些配送费，也要给商家打电话要求送餐上门。这就是消费者主动暴露出的一个明显痛点。而美团、饿了么这些线上订餐APP的出现，恰好满足了这一痛点，因此才获得了巨大的成功。

因此，我们要学会从用户的主动性入手挖掘用户的痛点。当用户自己表露出了在某一方面的强烈需求时，商家如果能够满足他们，就一定能够成功。

第五节 围绕用户不同生命周期提供个性化产品服务

很多企业将自己所有的用户都看成了同一类型，提供的产品和服务也都是同一类型。但是，这样的做法是非常错误的。因为，他们忽略了用户的生命周期。所谓用户的生命周期，指一个用户开始对企业进行了解，或者企业想开发某一用户开始，直到用户与企业的关系完全终止，并且与之相关的事宜完全处理完毕的这一时间段。在用户生命周期的不同阶段，其与企业的关系状态不同，对于产品和服务的需求也有所不同。商家在进行用户洞察时，要围绕用户的不同生命周期，为其提供个性化的产品和服务。

■ 准确划分用户生命周期

要想围绕用户的不同生命周期，为其提供个性化的产品和服务，首先要准确划分用户的生命周期。

根据用户与企业关系的状态的变化，可以将用户的生命周期划分为以下七种（见图2-8）。商家要根据用户的状态，准确判断其生命周期。

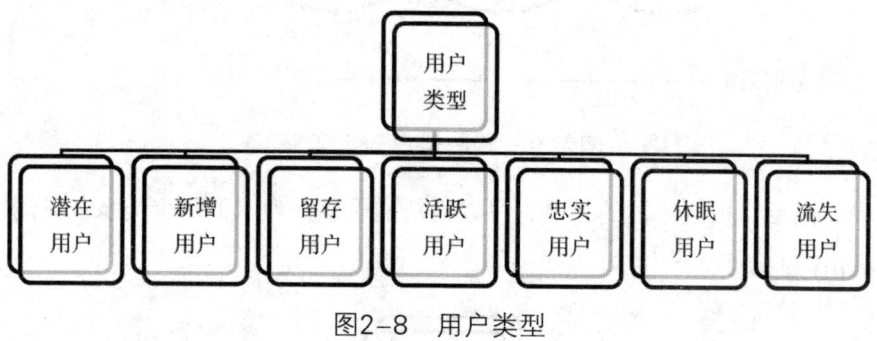

图2-8 用户类型

第一，利用标签、渠道、数据确定潜在用户。

标签，即通过用户画像的方式寻找潜在用户。商家要对自己产品的核心价值进行提炼，并梳理现有用户的特点，提炼出适当的标签，以此作为寻找潜在用户的依据。

渠道，即利用多种渠道寻找潜在用户。

数据，即利用大数据，分析符合企业需求的用户，挖掘潜在用户。

第二，多维度判定新增用户。新增用户中的"新"，是一个相对的概念。不同的判定方式下，划分结果也会有所不同。例如，当一个用户是在新增用户判定工作的前40天接触的平台，那么，如果将"近一个月内"作为新增用户的判定标准，该用户则不属于新增用户。而如果将判定标准定为"近两个月内"，则该用户属于新增用户。

在判定用户是否为新增用户时，为保证结果的全面性，就要从多个维度（见图2-9）进行判定。

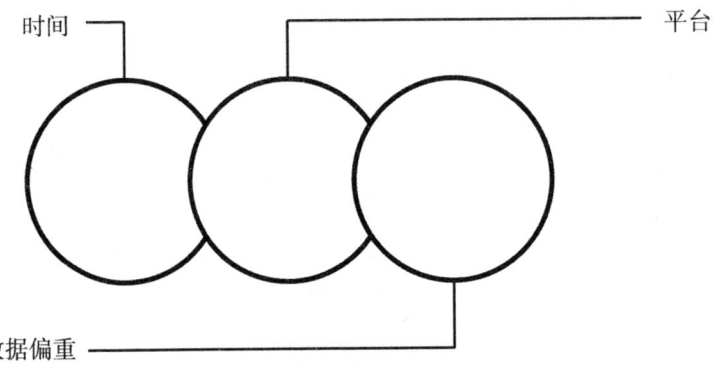

图2-9　新增用户判定要素

最后，按照不同的维度，可以将新增用户分为以下几个类型（见图2-10）。

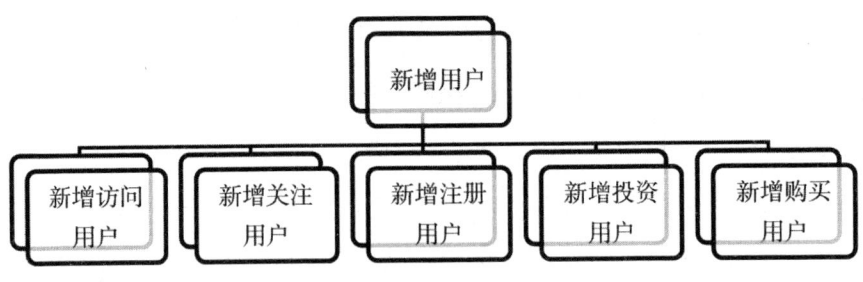

图2-10　新增用户类型

第三，根据时间、交互判定留存用户。留存用户，指"在一段时间内"，仍然在使用商家的产品或服务的用户。与新增用户的判定类似，留存用户的判定同样受时间影响。"在一段时间内"中的"一段时间"

的长短，会对留存用户的判定结果产生直接影响。例如，如果将"在半年之内，仍然使用本公司产品的用户即为留存用户"作为判定标准，那么使用该产品时间为5个月的用户则为留存用户；而如果将判定标准改为"在一年之内，仍然使用本公司产品的用户即为留存用户"，那么该用户则不一定是留存用户。

除时间因素外，以不同的交互方式（见图2-11）作为判定标准，最终的判定结果也有所不同。

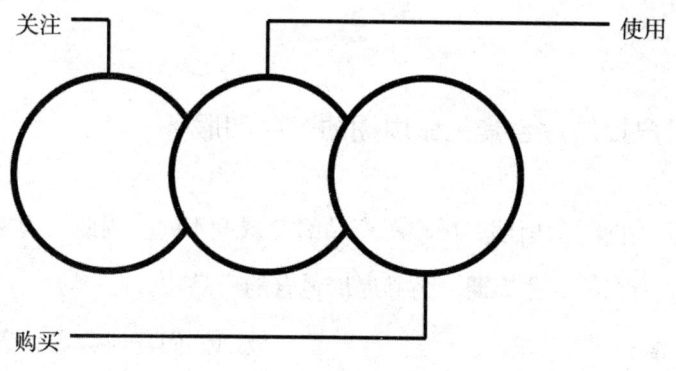

图2-11　交互方式类型

例如，当将"关注"作为留存用户的判定标准，那么只要关注的用户都可以被判定为留存用户，而如果将"购买"组作为判定标准，那么仅关注却没有购买的用户则不可以算作留存用户。

第四，用符合企业发展的业务标准判定活跃用户。不同企业对于活跃用户的判定标准不同。例如，内容类的平台对于活跃用户的判定标准通常为产生××篇内容的用户，或评论达到××条的用户；APP平台的活跃用户的判定标准往往为一天打开该APP多少次，或是使用该APP××次的用户；而O2O平台对于活跃用户的判定标准则为月购××次，月支付××次。商家要根据自己经营业务的类型，选择合适的判定标准。

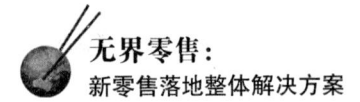

第五,确定峰值,判定忠实用户。实际工作中,忠实用户往往由活跃用户产生。他们最终会成为产品的献策者、管理者、内容贡献者以及传播者。当用户的活跃度达到某个峰值时,即可判定为忠实用户。商家要根据自身的要求,合理确定峰值。

第六,休眠用户。即形式上仍然为某产品的用户,但是已经没有活跃度,成为了一个"沉默者"。

第七,流失用户。即完全切断了与商家或产品的联系,脱离了用户群体的用户。

■ 为用户提供适合其生命周期的产品和服务

处于不同生命周期的用户对产品的忠诚度不同,因此,商家要学会根据用户所在的生命周期,为其提供适合的产品和服务。

1. 潜在用户。向其推荐主打产品,鼓励他们注册会员,着重强调其购买保障。

2. 新增用户。根据其自身特点,有针对性地向其推荐合适的产品,向其提供优质的体验,并在其使用产品之后,为其做产品使用效果评估。

3. 留存用户。着重提升其体验感,增加忠诚度。

4. 活跃用户。加强互动,向其推出更多优惠策略,争取把活跃用户转变为忠实用户。

5. 忠实用户。制定一系列用户奖励政策,鼓励用户参与到产品设计、服务改善等工作当中,以便将工作做得更好。同时,对忠实用户进行深度调研,细分其需求。此外,还要发动忠实用户推荐朋友,实现引流。最后,利用忠实用户进行口碑营销,实现销量的再次增长。

6. 休眠、流失用户。调查休眠或流失原因,进行针对性挽回。

第六节 利用数据辅助用户洞察

大数据,指海量的信息的数据集合。随着互联网技术的不断发展,大数据已经成为商家经营活动中不可或缺的依据。在用户洞察方面,大数据能够帮助企业更加精准地洞察消费者,以便做出更加正确的决策。

宜家作为一个瑞典的品牌,如今,在我国已经有多家门店。而宜家的成功,离不开大数据赋能之下的对用户行为以及需求的精准洞察。

宜家每到一个开店,首先要做的是了解当地的文化、习俗、经济以及消费者的消费习惯。通过精准的用户洞察,宜家能够成功地融入当地市场,进而全面开展家居业务。

当宜家刚刚进入中国市场时,曾经对中国的七大城市的居民的生活习惯做了调研。通过分析收集的数据发现,这些城市的人群普遍存在睡眠质量差的问题。因此,宜家决定主打提升睡眠质量的宣传,借机推出了一系列床上用品。果然,这些产品满足了消费者的需求,销量非常可观。

而随着时间的推移,宜家通过大数据发现,中国都市的人口逐渐增加,导致人均居住面积下降。这使得很多家庭都出现了储存空间不足的情况。很多家庭的杂物没有地方存放。针对这一大数据分析结果,宜家随即改变自己的营销策略。适时推出了一系列多功能的家居,以满足消

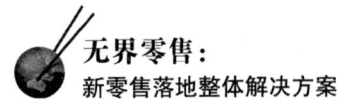

费者的日常收纳需求。

看似宜家每次都能及时抓住消费者需求的变化，精准洞察消费者。实际上，这要归功于大数据在用户洞察方面的运用。

当消费者走进宜家家居商场，其每一个动作、每一个表情都被精准地捕捉、记录，录入宜家的大数据分析库，作为之后经营活动的依据。宜家卖场的每一件商品、每一件商品的价格、每一种陈列与搭配，都是宜家经过大数据分析，精心布置过的，只为能够更好地迎合消费者的消费习惯和消费需求。通过大数据，宜家不仅可以准确地分析出消费者的购物需求，同时，还可以进一步分析消费者的下一步购物需求。这样，使得宜家的每个经营活动都完全符合消费者该阶段的需求，不仅可以提升销售业绩，还可以有效压缩经营成本，从而使其利润达到最大。

打造新零售的过程中，学会准确洞察用户需求，是商家开展各项经营活动的基础。而大数据，正是帮助我们实现精准洞察的"利器"。因此，商家要学会运用大数据做用户洞察。

■ 建立数据中心，收集大数据

在打造新零售的过程中，要想利用大数据实现精准的用户洞察，必然要在企业中建立数据中心，以便收集更多的数据和信息。

1．明确定位。要建立企业的数据中心，首先要明确项目平台的定位，其中包括明确所建数据平台的应用范围和应用场景。

2．持续沟通。在明确了数据中心的定位后，就要确定平台关系。其中包括业务系统与信息系统的关系、新的信息系统与原有信息系统的关系。在这一过程中，相关部门要进行持续的沟通，积极调研，并最终形成一个流程化的体系。

3．合理规划。包括人力、财务、材料以及实施环节。只有将这四个方面进行合理规划，才能够保证规划最终平台的合理性。

4．精准实施。实施过程中，要加强对各环节的控制，严格遵循事先制定的方案实施。

在这一过程中，要注意以下几个关键节点（见图2-12）。

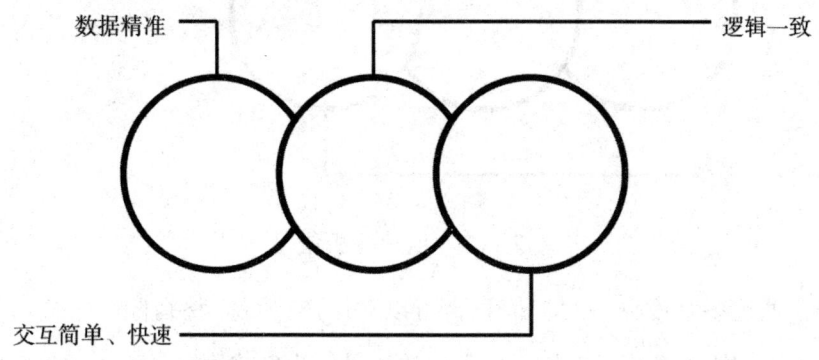

图2-12 建设数据中心的关键节点

■ 利用大数据准确分析用户行为，洞察用户需求

当企业建立好自己的数据中心后，就可以利用收集到的数据，准确分析用户的消费行为，以此洞察消费者的需求，为企业的经营活动提供依据。

1．收集用户信息。所谓用户信息，指用户的购买行为以及消费习惯等。例如，用户搜索、浏览、打分、点评、加入购物车、从购物车中删除等行为，以及在第三方网站上的比价、关注评测、与好友的互动等行为所产生的信息。这些信息在很大程度上反映了消费者的消费习惯与购物需求，是商家经营活动的最佳依据。

2. 多维度分析用户行为。要想对用户行为进行准确的分析，最终得到准确的结果，就要对用户进行多维度的分析（见图2-13）。

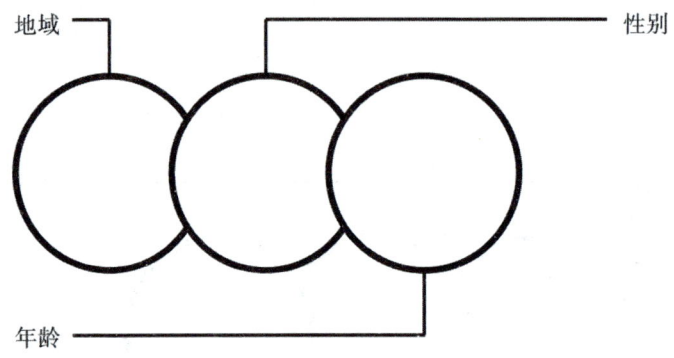

图2-13　用户分析维度

通过多维度分析用户信息，可以对用户进行完整画像。这样收集到的数据更加准确，分析之后得出的结果作为经营依据也更加准确。例如，当对用户进行营销时，就可以根据他的住址、工作场所为中心，向其推荐与其属性相关的产品。

3. 量化用户购买行为。我们收集到的海量的大数据本身是没有任何作用的。其能够发挥出重要作用的原因，在于通过量化用户的购买行为而得出的规律。因此，在利用大数据分析用户购买行为时，要将用户的各种购买行为进行量化。如面对一件商品，用户是否点击、是否做出购买行为、所购买产品的价值、购买频率，以及最近一次购买行为是在什么时候等。产生客户价值的评分，把客户分出价值的高低，评估用户对推荐的接受难易程度，以及推荐的商品的细类。以此形成对用户的准确画像。

4．分析用户的购买记录。利用大数据洞察用户需求，还需分析用户的购买记录。通过对用户购买过商品客户的购买记录，以及点击过的商品记录进行分析，对团购的折扣比例，商品原价，折扣金额，团购时间长短，能否退款，是否单人使用，风格等分别打分、统计、归类，以对客户的可能兴趣点进行"预测"，可以准确找出每一个用户的需求以及消费习惯。

第三章
渠道升级：把割裂变为连接，打造 1+1+1 的组合重生

渠道，是零售业的一个重要概念。随着零售模式的变革，销售渠道同样出现了升级趋势。不同于以往线上线下割裂的渠道模式，新零售模式下，主张"全渠道"零售。所谓全渠道零售，指企业在移动互联网技术的推动下，将线上、线下、现代物流进行组合连接，改变以往相互割裂的局面，满足用户购物、娱乐、社交等综合体验要求的渠道模式。对于企业来说，全渠道模式有利于增加产品的曝光率，提升品牌效益；对于用户来说，全渠道模式能够大大提升购物体验，让购物更加有趣、便捷。

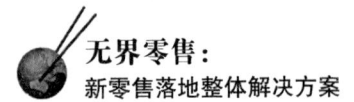
无界零售：
新零售落地整体解决方案

第一节　上下融合：线上提供便利，线下提供体验

所谓全渠道，就是指线上+线下+物流。正是通过综合发挥线上和线下的作用，才可以大幅度提升用户的消费体验。线上购物与线下购物相比，最突出的特点就是便利；而两者相比，线下最为突出的优势就是能够让用户亲身感受产品，获得更加深刻的体验。企业在打造全渠道模式时，就是要让上下融合，充分发挥各自的优势，利用线上提供便利，线下提供体验，最终整体提升用户的消费体验。

优衣库作为一个快时尚品牌，站在新零售的风口，同样开始了全渠道的布局，致力于打造全渠道O2O闭环。

优衣库曾经举办了一场名为"搭出色"的大型O2O活动。首先，在店内安装了一台大型装置，装置内设有各种样式的模板，当用户站在这些模板前时，根据模板中展现的不同情境，用户会感觉自己置身于东京、巴黎、纽约或者伦敦的街头。用户可以根据自己的喜好，自行选择喜欢的模板。通过一些特定操作，便可以获得自己与模板的合成照片。

当用户完成照片后，屏幕上会出现一个二维码。用户使用手机扫描二维码，便可以将照片传至线上，同时储存在用户的手机中，用户则可以将这些照片发布到自己的微信朋友圈。

或者用户只需登录优衣库账号，点击"搭出色"活动，上传自己的照片后，可以选择自己喜爱的贴纸，完成之后同样可以分享至朋友圈。

在这一活动开始前,优衣库会利用线上传播渠道进行营销推广,提升该活动的影响力与知名度,为线下实体店的活动进行引流。

正是通过将线上线下相结合的方式,优衣库才成功举办了此次活动,其品牌知名度和产品销量都有了明显的提升。

■ 线上提供便利,让零售更便捷

全渠道,强调将线上、线下以及现代物流相结合。在这一过程中,每个环节都在发挥着不同的作用。其中,线上的主要作用便是为用户的购物过程提供便利,让消费过程更加便捷化、智能化。

"缤果盒子"是国内首个商用可规模化复制的24小时无人便利店,同时,也是国内搜集无人收银、自助服务的零售超市,是新零售的一个典型代表。分析"缤果盒子"的销售模式,便可以发现线上在其整个零售过程中发挥的作用。

在"缤果盒子"购物,用户只需遵循以下四个步骤(见图3-1):

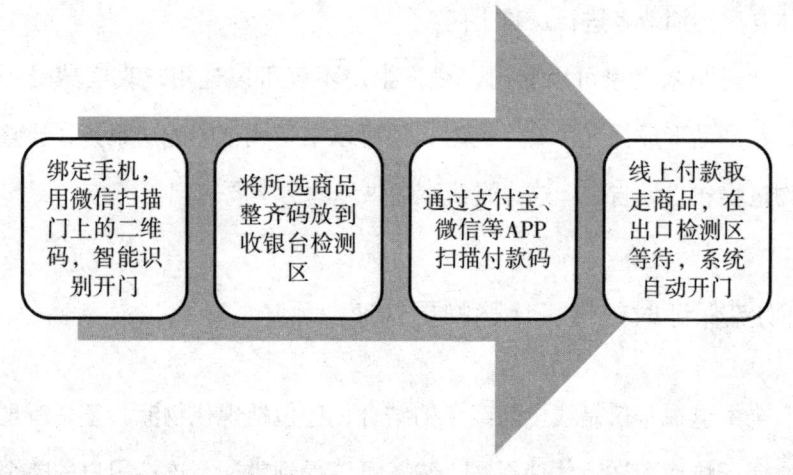

图3-1 "缤果盒子"购物流程

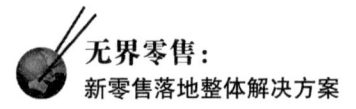

通过分析"缤果盒子"的购物过程可以发现,其购物全程基本都可以在线上完成。不论是选品,还是购品,用户都不用花费过多精力,直接可以在线上完成。这样充分利用线上渠道的零售方式,无疑为用户提供了巨大的便利。

■ 线下提供体验,升级用户购物体验

线上的作用主要是提供便利,而线下在全渠道模式中的主要作用则是提供体验,让用户有一个更好的购物体验,这也很好地契合了新零售重视用户体验的内容。

以小米之家为例。小米之家大约有200个SKU(Stock Keeping Unit库存量单位),其覆盖了最普遍的生活场景,而这样的线下实体店,也正是可以让消费者实际体验到小米产品的主要渠道。消费者可以在小米之家真实体验不同产品的不同特点,并选择一款心仪的商品。同时,消费者可以在手机上安装小米商城APP,通过线上下单支付购买,再由线下实体仓库为消费者进行送货上门。

通过小米之家可以看出,线下渠道不仅可以让用户真实感受到产品,对产品形成深入了解。同时,还可以享受线下的配送服务,让整个购物过程省心、省力。这也是线下提供体验的主要表现。

■ 物流保证时效性,让购物更快速

全渠道,不仅是线上与线下的结合,还包括现代物流。正是有现代物流保证快速配送,才使得线上线下可以得到贯通,连接用户的整个消费过程，让用户能够在最短的时间内拿到商品，让购物变得更加快速。

以有赞平台为例。用户通过电商平台给门店下单，如果商家是连锁门店，平台会自动推荐距买家最近的门店进行下单。下单后，由顾客选择提货方式：上门自提或者门店配送。选择上门自提的顾客通过平台提货码到店直接提货，省时省力。门店配送的提货方式则由于顾客选择的门店是附近1公里的，门店配送压力也不会很大。同时，顾客通过手机下单，无论是上门自提还是门店配送都很方便节省时间，极大提升了用户购物的效率。

从上文可以看出，全渠道，在于线上、线下与现代物流的深度融合。要想成功打造全渠道，就要从这三方面入手，充分发挥三个环节的作用。

第二节　量体裁衣：充分利用线上线下渠道，为每个用户私人订制

零售的关键是服务。在布局全渠道的过程中，通过将线上、线下渠道进行融合，旨在为用户提供更好的服务。在全渠道模式下，通过对购物过程的各个环节进行升级改造，不仅可以最大限度地提升用户购物的便捷性，还给了用户更多的选择。用户可以根据自身的购物需求与实际情况，选择适合的购物方式。如此，全渠道模式则实现了量体裁衣，充分利用线上线下渠道，为每个用户实现私人订制。

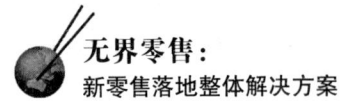

■ 下单服务环节：提升下单便捷性

下单，是购物的第一个环节。在这一环节，企业要充分利用线上线下渠道，着力提升用户下单的便捷性。在这一过程中，企业要着重考虑以下几个问题。

首先，实现用户快捷下单。如果用户想要在线上购买你的产品，但是却在支付方面受到了阻碍，无异于丢掉了这一订单。因此，企业首先要利用相关的资源，让用户能够方便、快捷地下单。

例如，用户在首次登陆APP时，如果需要进行繁琐的注册环节，那么很多用户就会因为"怕麻烦"而放弃。如果能够直接用微信等第三方账号登陆，则会方便得多；在支付环节，如果用户需要绑定银行卡才能支付，整个流程就会非常繁琐。而如果能够跳转到微信或者支付宝进行付款，付款就会变得非常便捷。

其次，完善管理。良好的店铺管理是提升消费者印象值的关键。试想，如果用户在你的网上商店拍下了一件衣服，但是，实际上却已经无货了。当用户满怀期待地等待新衣服时，却被商家告知该款衣服实际已经无货，页面没有及时更新商品状态才造成了这样的问题。在这样的情况下，即使给用户办理退款，同样也已经给用户留下了不好的购物体验。因此，企业要完善管理。如及时更新商品状态，以及保证用户在线上和线下购物体验的一致性。

■ 线上线下转化：双向结合提升购物效率和体验

新零售强调线上与线下的结合。并且，用户不仅是在线上还是线下购物，都可以获得同样的体验。通过将线上商店与线下实体店相结合，可以大幅提升购物效率和体验，同时，用户也可以根据实际情况，选择对其来说最为便捷的一种购物方式。

例如，当用户在线下实体店看好一双鞋子，但是，该实体店已经缺货，没有该顾客需要的尺码时，商家便可以马上登陆线上客户端，调度其他仓库或者门店的商品，帮助用户更快地拿到心仪的商品。或者可以帮助用户直接在线上商店下单，由零售商将商品配送到用户的家里，让整个购物过程变得更加便捷，提升用户的购物体验。

■ 支付环节：定制支付方案

全渠道模式下，用户可以通过多种渠道购物，在这样的情况下，企业要根据用户的需求，为其定制支付方案。除了要保证方便快捷的支付手段，同时，也要保证支付手段的多样化。

例如，当用户在线下实体店购物时，商家则可以根据用户的不同需求，设置多种支付手段。对于年纪较大的用户，可以采用现金支付的方式；而对于一些年轻用户，则可以采用支付宝、微信扫描支付，方便快捷。

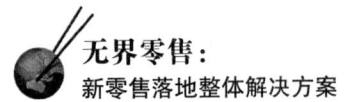
无界零售：
新零售落地整体解决方案

■ 配送环节：按需制定配送方案

配送服务，主要是针对线上购物的用户群而言的。如今，物流配送服务俨然已经成为了决定购物体验的一个重要环节。很多用户认为自己的购物体验差的原因，就是因为配送慢、配送员态度不好、物品有损伤等。因此，商家要做好配送环节，按照商品本身的特点以及用户的需求定制配送方案。

例如，当用户在线上购买生鲜类的产品时，由于生鲜产品对于温度与保鲜度有非常高的要求，因此，商家应采用快速配送服务，保证商品送到用户手中时，仍然是新鲜的；而当用户购买空调、冰箱等大型家电时，由于无法携带，商家则应提供配送到家服务。

商家在制定配送方案时，要综合考虑商品本身的特性和用户的个性化要求，制定合适的配送方案，以此提升用户的购物体验。

■ 售后服务：及时响应、快速解决

全渠道模式中，必然少不了线上购物环节。而线上购物不同于在线下实体店购物可以看到真实的产品，试用、感知，线上购物往往不确定性更强。当用户仅仅依据图片或者短视频了解产品时，其理解不免与产品实物产生误差。同时，由于各种原因，用户很有可能收到的产品存在质量问题、型号问题等。而这些问题，也是线上购物的一大弊端。

通常，用户对于售后的要求，无异于退货退款、退差价、询问具体使用方法等。为了给用户提供个性化的售后服务，商家要及时响应用户提出的售后问题，避免由于长时间无人响应而引起用户的恐慌。并且，要快速解决用户的问题，避免因为问题迟迟无法解决影响用户的购物体验。

例如，对于电子类商品，很多用户担心在线上购物会为之后可能发生的售后维修和退换货服务带来不便。为解决这一问题，很多商家支持线上购物、线下门店维修及退换货服务，为用户提供线上线下一致性的购物体验。

■ 会员营销：会员管理体系一体化

"会员"，是新零售中的一个重要概念。在全渠道模式中，同样应该做好会员管理。通常，根据渠道的不同，会员可以分为线上会员和线下会员两种类型。很多企业将两种类型的会员信息割裂开来，不仅造成了企业资源的损失，同时也给会员的消费过程造成了诸多不便。

例如，当一个人是某品牌的线下会员，本可以享受一定的会员福利。但是，当其在该品牌的线上商店购物时，却无法享受到这些福利。这样的情况无疑会影响用户的购物体验。

为此，商家要实现线上线下会员管理体系的一体化，会员只需一个会员号，便可以在全部渠道内享受积分累计、增值优惠等服务。

商家做好会员管理工作，不但可以提升会员的购物体验，增加用户粘性，还可以完成线上资源与线下资源的整合。

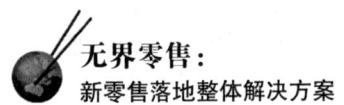
无界零售：
新零售落地整体解决方案

第三节　多维触点：包围用户，加强用户与产品信息的接触

触点，即企业与用户发生联系过程中的一切沟通与互动点，包括人与人的互动点，以及人与物理环境的互动点等。触点是销售过程中一个非常重要的概念。用户通过其在各个触点上所累积的体验，最终能够形成对一个企业的整体认知。在这一过程中，如果触点过少，则会造成用户对企业的认知过少，不利于构建企业与用户的关系；而如果在各个触点上的累积体验不佳的话，则会导致企业品牌在消费者心目中的形象受到负面影响。全渠道，正是通过多维触点，包围用户，以加强用户和产品信息之间的接触，同时，利用全渠道带来的良好体验，提升企业在用户心目中的品牌形象。

■ 利用全渠道增加用户触点

以往，在互联网并没有深度发展之前，消费者只能通过线下实体店以及电脑端进行购物。而由于线下实体店与电脑端的"不可移动性"，导致商家与用户的触点明显存在局限。而在移动互联网飞速发展的今天，由于移动智能终端的全民普及，使得商家与用户的触点出现了"大爆发"。一方面，用户可以通过多种信息渠道以及零售渠道接触到商家的产品和服务；另一方面，用户参与产品设计与服务提升的程度越来越深，并且，由于现在人人都是自媒体，使得用户能够通过社交媒体平台影响商家的各项经济活动，发表自身的意见。这无形中拉近了商家与用户的距离。新零售模式下，用户的消费渠道逐渐增加，全渠道的模式更是实现了商家与用户的多维触点。目前，用户的消费渠道通常有以下三种（见图3-2）。

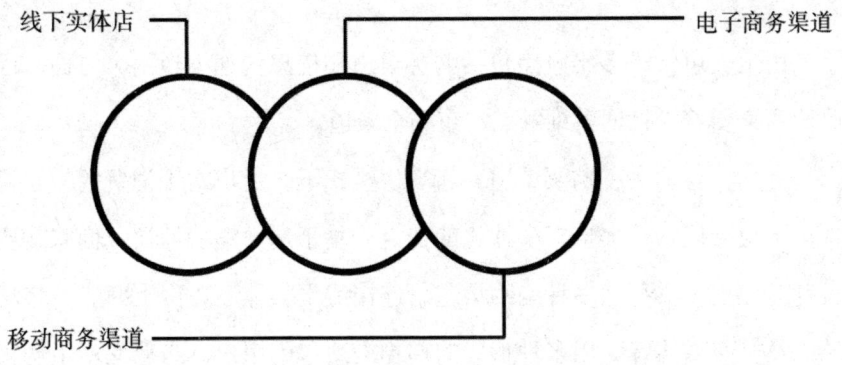

图3-2　全渠道时代用户的消费渠道

以上三种渠道构成了用户消费的全渠道。其中，线下实体店主要包括实体自营店、实体加盟店、电子货架以及异业联盟等。电子商务渠道包括商家官方自建的B2C商城、电子商务平台如天猫店、淘宝店、苏宁店、亚马逊等，移动商务渠道则包括官方自建的手机移动端商城、APP商城、微商城以及进驻移动商务平台的如微淘店等。

全渠道模式下，除了用户的消费渠道有所增加之外，用户了解商家的渠道也不断增加。用户除了可以从传统的电视、报纸、杂志等渠道了解商家信息外，还可以通过微信、微博、今日头条等渠道了解更多的商家信息。

总体来说，全渠道模式下，不仅购物渠道有所增加，信息沟通渠道也有明显增加。而商家在利用全渠道模式增加与用户的触点的过程中，就要从这两方面入手。不仅要打通多种购买渠道，将产品推销给用户，还要打通多种媒介渠道，把企业信心与产品信息传递给用户，以此实现商家与用户的多维触点。

■ 打通多维触点，布局全渠道

由上文可知，多维触点包括购买渠道和信息沟通渠道两个方面。因此，商家要着力打通多维触点，布局全渠道。

首先，打通多种购买渠道。新零售模式下，用户对于消费的需求显现出了全天候、全渠道、个性化的特点。基于这一消费习惯，商家就要有针对性地为其打通多种购物渠道，连接线下实体店、网上商店、移动端以及社交商店等。用多种形式的购物渠道包围用户。当他们产生购买想法时，可以根据自己的具体情况，随时、随地、随意选择任意一种渠道满足购物需求。

天虹商场为了布局全渠道，先后采取了多种方法。首先，天虹商场打造了一款基于手机移动端的电子商务交易软件——天虹微品。天虹微品会根据市场需求，筛选出一部分商品传送至手机端，"店主"可以根据需要，在自己的"网店"编辑商品，并通过微博、微信等社交软件发布信息，提供服务，销售产品。

在这一过程中，天虹公司负责商品采购、库存管理、营销、订单处理、物流配送以及统一客服等一系列工作。同时，为了保证平台的销售秩序，天虹公司还负责商家管理工作。

随着天虹微品的上线，天虹公司已经形成了包括天虹微信、天虹微店、天虹微品等在内的全渠道移动端口布局。真正实现了多维触点，加强了用户触点。

其次，打通多种媒介渠道。即在用户获取信息的路径上，建立全方位的媒介或信息触点。

由于移动互联网的不断发展，人们的生活方式发生了巨大改变。如今，人们更多地习惯于通过搜索引擎、社交媒体网络获取商家和产品信息，大量的用户聚集在各类移动社交平台上。因此，商家要着力打通多种媒介渠道，实现信息包围用户。

某个服装品牌，在打造新零售的过程中，为了打通多种媒介渠道，一方面，在线上通过微信朋友圈进行品牌传播，另一方面，在线下借助会员的实体资源落地，以活动的形式分享产品，以满足会员的社交需求，同时，也可以实现产品推广。通过这样的方式，不仅增加了用户接触产品信息的渠道，还能够通过社交的口碑传播提升转化率。该服装品牌通过打通全渠道媒介，不论是品牌知名度，还是产品销量，都有明显的提升。

零售商在布局全渠道的过程中，要着力打通多种购物渠道和多种媒介渠道，为用户提供多种购物方式，让其能够随时随地购物，同时，也可以利用多种媒介渠道传播企业和产品信息，实现信息包围，以此提升在用户心目中的知名度。

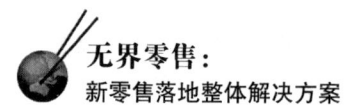

第四节 协同一致：整合线上线下资源，不同渠道同一种体验

全渠道，其重点就是将以往各自割裂的不同渠道进行融合。但是，在以往的零售模式中，用户在不同的渠道所获得的体验往往大不相同。例如，当用户要购买一双某品牌的运动鞋时，如果用户选择在该品牌的线下实体店购买，那么往往鞋子的价格会略高于线上旗舰店的价格，但是运动鞋的质量会比在线上旗舰店的同款鞋子质量稍好。而出现这一现象的原因，则是因为线上线下两种渠道的产品批次不同。如此，用户在不同渠道的购物体验则会有明显不同。而全渠道，则强调在融合各种渠道后，实现不同的渠道，同一种体验，即用户不论在哪种渠道购物，所获得的体验都是相同的。这样，则能够有效保证用户的消费体验感与消费权益。

■ 保证不同渠道商品价格一致性体验

不同渠道的商品价格不同，是传统零售模式中各渠道割裂的一个明显表现，同时，这也是影响用户消费体验的主要原因之一。因此，在布局全渠道时，首先要保证各个渠道的商品价格一致，给用户提供一致性的体验。

著名化妆品品牌丝芙兰，在打造全渠道的过程中，首先消除了不同渠道的商品价格的差异性。在很多商家将线上商店作为一个区隔化的销售渠道对待，针对网购的消费特性对商品价格进行一定的调整。但是，丝芙兰将线上、线下所有渠道的商品价格进行了统一，用户不论在哪个渠道购买丝芙兰产品，其价格都是相同的。不仅保证了用户的消费权益，同时，还保证了用户在不同渠道的一致性体验。

商品价格是消费者购物过程中的一个关键因素。试想，当消费者在某个线下实体店购买了一件连衣裙，但是，当其浏览该品牌网上商店时，却发现网上商店的同款连衣裙价格比自己购买的价格便宜了80块钱。这时，即使消费者非常喜欢这件连衣裙，也会因为平白多花了80块钱而感觉到心里不舒服，以致影响了整个购物体验和对该品牌的印象。

统一不同渠道的商品价格，是保证用户购物体验一致性的关键环节之一。

■ 做好单品管理，实现线上线下库存互通

在以往购物的过程中，常常会出现以下现象：

消费者在线下实体店看好一件商品后，但是实体店却出现了缺货断码的情况，使得消费者无法买到自己喜欢的商品，最终只能悻悻而归。

之所以会出现上述情况，是因为以往各个不同的渠道相互割裂，库存资源各自独立。当消费者在线下实体店因为商品缺货无法购买时，即使线上仍有库存，也无法调取给消费者。而在全渠道模式下，由于线上与线下渠道的深度融合，库存也逐渐打通。因此，一旦出现消费者在线下实体店看好某件商品，却缺货断码时，便可以立即查询线上渠道的库存情况。如果线上渠道仍有库存，便可以从仓库直接将产品快递至消费

者指定的地点。如此，不但可以让消费者更快地买到心仪的商品，不论在哪个渠道购买商品，都可以使用同样的库存资源，获得同样的购物体验，同时，将库存打通，也有利于商家去库存，提升各个渠道的产品销量。

■ 保证消费者可以实时查询各渠道订单情况

在购物过程中，能够实时跟踪、查询订单情况，是消费者在购物过程中的又一诉求，而这也是提升消费体验的重点。全渠道模式下，使得实时查询各渠道的订单情况成为了可能。

例如，当消费者在某品牌的线上天猫旗舰店购买了一件商品后，可以在订单页面查询详细的物流信息，实时关注商品的物流动态。同时，在物流信息页面，系统还会自动估计并显示商品的到达时间，让消费者最大限度地了解订单情况。

再如，在售后方面。当用户在京东购买商品需求申请售后时，用户可以在"我的订单"页面实时追踪订单售后进度。同时，售后环节每进行一步，京东会给用户发送相关的短信息，让用户第一时间了解订单售后情况，直至售后完成。

通过让消费者实时查询到订单状态，在一定程度上能够给消费者吃一颗"定心丸"，有效减少消费者的焦虑心理，从而提升购物体验。

■ 保证在不同渠道拥有稳定的商品分类

在传统零售模式中，不同渠道的商品种类存在一定的差别。这样的情况，导致消费者在不同的消费渠道中所购买到的商品种类和购物体验会有明显差别。而新零售模式下，将各种购物渠道融合后的全渠道，保证了在不同渠道都拥有稳定的商品分类，从而保证了消费者在不同渠道都能够购买到同样的商品，获得相同的购物体验。

■ 确保消费者能够在线下实体店完成虚拟渠道订单的退货

苏宁在打造新零售的过程中，利用全渠道实现了消费者能够在线下实体店完成虚拟渠道订单的退货。例如，当用户在线上购买了商品后，可以在线下实体店退换货。

当用户收到线上下单的商品后，如果存在问题，需要进行退换货，有三种方法可以选择：

第一，上门办理。苏宁易购配送人员会上门进行办理，上门后会对商品做详细鉴定并取走问题商品，苏宁易购客服会在3个工作日内联系用户，告知鉴定结果，并安排配送人员上门送新取旧。

第二，邮寄办理。用户可以邮寄到苏宁网点进行办理，将包裹邮寄至苏宁物流基地。

第三，送至苏宁线下门店现场客服。用户可以去苏宁指定门店退件（具体门店由苏宁易购客服与用户电话确认），由服务人员将现场签收用户的商品。

通过这样的办理方式，给用户最大限度提供了售后便利，让用户不论通过何种方式，都能够获得同样的体验。

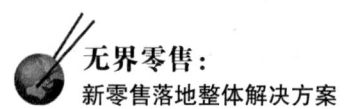

第五节 系统重构：七个互联互通布局全渠道

在由传统零售向新零售转变的过程中，如何布局全渠道，是新零售能够打造成功的关键因素之一。在布局全渠道的过程中，企业要对之前的渠道模式进行重构，利用七个互联互通成功布局全渠道。

■ **商品通：不同渠道的商品信息保持一致**

不论零售模式如何变革，商品永远是其中的核心。因此，布局全渠道的过程中，首先要做到商品通。所谓的商品通，指在全渠道销售模式下，不同渠道中所展示的商品信息是一致的。

通常，线下实体店由于自身的限制，往往只能展示商品的部分信息，例如产品品牌、产地、价格、配料、保质期等。但是，线上商店却能够突破线下实体店的限制，在网上将更多的商品信息展示出来。同时，由于渠道的不同，产品信息展示的多少、内容存在一定的差别。但是，在新零售模式下，不论消费者是从哪一种渠道获取到的商品信息，以及获取的商品信息有多少，商家都应该保证其从不同渠道了解以及购买到的应该是同一件产品。如果从不同渠道购买到的产品不同，就失去了全渠道的意义，同时，也会让消费者的购物体验大打折扣。

因此，在布局全渠道的过程中，我们首先要做到商品通，保证不同渠道中产品信息的一致性。

■ 价格通：线上线下价格一致

新零售模式，强调线上购物与线下购物体验的一致性，其中最重要的一个内容，就是线上与线下各个渠道之间终端价格的同步一致性。IBM公司进行的一项调查中显示，统一终端价格是消费者在购物中最重视的一个因素。只有实现线上线下同价，才能保证新零售模式的打造与实施。

优衣库为实现线上线下商品价格的一致性，采取了一系列的手段。

例如，对于打折商品，优衣库使用"指定产品区隔、时间段区隔"的策略。产品区隔，指线上线下的打折商品都是特定的，并且在款型上有所区别。时间段区隔，指在特定的举办活动的时间段，采用错峰排序的方式。当用户错过了线上或者线下的折扣活动，还可以有机会参加另一个渠道的折扣活动。

■ 支付通：各个渠道都提供快捷支付服务

快捷支付，是互联网深度发展的结果，同时，也是支撑新零售的重要技术。快捷支付，给商家和顾客都带来了前所未有的便利。布局全渠道的过程中，要实现各个渠道都可以使用快捷支付。

永辉超市24小时便利店作为新零售模式的代表，在全渠道都实现了快捷支付。当用户在线上通过永辉线上APP消费时，可以通过快捷支付实现线上付款；而当顾客在线下实体店消费时，也可以通过实体店内设置的快捷支付电子设备进行自动结账,快捷支付。

通过将线上与线下的各种快捷支付方式进行打通,可以实现支付协同,这也是打造新零售的重要一环。

■ 供应链系统通:整合供应链,保证供应链同步协调与信息协同

新零售模式下的渠道竞争,在很大程度上是基于信息支持的供应链硬实力的竞争。因此,要布局全渠道,就要打通供应链系统,整合供应链,保证供应链的同步协调与信息协同。

全渠道模式,要求整个供应链的有机整合、协同合作。在这一过程中,包括采购、物流、需求预测、促销策略等多个方面的整合工作。

ZARA作为著名的快时尚品牌,不论是线下还是线上,都非常注重供应链的整合。它在分布于全球的所有门店,都会在每天下班后同步到西班牙的全球信息中心,从而保证其供应链的相应速度。

在打通供应链系统的过程中,共包括库存和物流两方面。

首先,打通库存,指全渠道的库存共享。库存共享,可以让消费者更加容易地买到自己心仪的商品,同时,也有利于商家去库存。

例如,当顾客在线下实体店看好了一件衣服,但是,顾客需要的码数已经缺货。在线上线下库存打通的情况下,顾客便可以在线上浏览哪个地方有库存,然后直接线上下单,解决了由于线下实体店缺货而无法买到该款衣服的问题。

其次,打通物流。物流的打通,能够大大提升配送效率,缩短配送时间。

■ 促销通：促销活动全渠道一致

在传统的零售模式下，即使是同一家店做的促销活动，线上线下也会有很大的不同。全渠道模式下的促销通，指线上线下不论是促销信息还是顾客可以享受到的促销活动，都应该是一致的。这也是新零售模式线上线下融合的一个表现。

■ 会员通：线上线下共享会员信息

会员通，指将线上注册的会员信息实时同步到线下门店电脑端。在会员付账时，线下门店员工便可以通过扫描顾客手机端的条形码为其提供各种产品的优惠信息以及会员积分。并且，这些会员的消费记录会定时回传至后台管理系统，形成会员数据库。

商家通过分析会员数据库的会员信息，能够更加准确地预测、判断会员的消费习惯、爱好倾向等，从而为产品生产、营销活动、促销活动等提供依据。

■ 利益通：实现线上线下双赢

在打造新零售的过程中，需要将以往对立的线上电商与线下传统零售商深度融合。在融合的过程中，必然会出现利益方面的一些矛盾。

例如，在线上部分和已有线下渠道之间的资源上的矛盾，我们应该通过对会员所属的店铺、订单生成位置、发挥门店等三个参数的后驱，制定出利益共享机制，并对每个环节做出的贡献值进行预算，按照其获取订单量的不同比例给予相应的奖励，从而提升门店或者加盟商对线上平台推广以及移动端订单抢单的积极性，实现线上线下双赢。

第四章
场景交互:抢夺用户 24 小时的分配权

　　随着移动互联网的飞速发展,人们的生活呈现出碎片化的状态,消费者的行为逐渐变得移动且分散。并且,随着物联网、人工智能等技术的应用,出现了虚拟世界与现实世界不断交融的态势,消费者在看中产品质量的同时,对于消费场景中的体验也更加重视。任何一个生活场景,都有可能转化为实际消费。因此,在打造新零售的过程中,我们要构建消费场景,利用交互场景,抢夺消费者24小时的分配权。

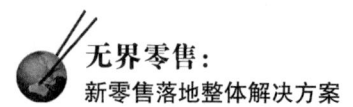
无界零售：
新零售落地整体解决方案

第一节 构建以用户为中心的体验场，打造生活方式交互点

场景，是新零售中一个关键词语。场景化消费，能够让用户全身心投入到商家所构建的场景当中，得到沉浸式体验。而企业要想利用场景交互抢夺用户24小时的分配权，首先要构建一个以用户为中心的体验场，打造用户生活方式的交互点。

■ 明确构建场景前需要思考的四大问题

消费场景，来源于用户的实际生活，只有所构建的场景能够满足用户消费需求时，该场景才是成功的。因此，企业在构建消费场景之前，要明确以下四个问题，以保证所构建场景的合理性。

第一，在某一特定场景下，用户需要什么？我能给用户提供什么？

商家所构建的消费场景，必须是能够满足在该场景下用户的具体需求的，否则，该场景则没有实际意义。因此，在构建消费场景之前，商家首先要明确在该场景下，用户的痛点是什么，作为商家，自己又能够通过何种方式满足用户的这种痛点。

例如，打车软件滴滴出行发现，在乘车高峰期这一场景下，往往出现用户打车困难的情况。在这一场景下，用户需要的就是快速打到车。

为此，滴滴设计了"发红包"功能。如果用户特别急切地需要打到车，可以通过滴滴出行APP上的"发红包"按钮给司机师傅加发红包而提前打到车。如此，滴滴便在"乘车高峰期，打车困难却又着急用车"这一场景，给出了自己的解决办法。

第二，在某一特定场景下，用户的痛点是什么，怎么解决。

一个合适的场景，最重要的就是要解决用户的痛点。因此，企业首先要考虑该场景下的用户痛点是什么，怎么解决。

例如，小米发现用户在使用插线板时，往往会出现缺少USB插口的情况，给用户带来不便。同时，当用户家里有儿童时，家长往往会担心孩子会将手指或使用金属物体插入带电的插孔，造成触点意外事故。以上，就是用户在使用插线板这一场景下存在的痛点。

为了解决这一痛点，小米在开发插线板时，在设计上做出了改进。不仅增加了USB接口，还在电源插孔周围添加了保护门，并形成双排联动（见图4-1）。

图4-1 小米插线板

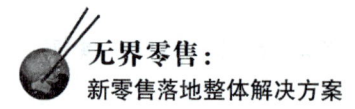

当用户使用插线板时，只有同时将两级插入，才能打开保护门。如此，即使儿童误将手指或金属物质插入插孔，也不会有触点危险。

第三，如何让用户参与或选择你。

企业构建场景后，最重要的就是让用户参与进来。如果没有用户参与，即使场景构建再好，也无法产生实际效益。因此，企业要考虑的第三个问题，就是如何让用户参与或者选择你。

饿了么作为外卖平台，在北京、上海、广州、深圳、杭州等城市的知名商圈、地铁沿线选择了共10个地点，并与著名餐饮品牌海底捞、必胜客联合，共同打造了"饿了么"的连锁分店场景。当布置好这一场景后，为了让用户参与进来，饿了么规定，只要用户扫描其二维码，便可以获得蛋糕、奶茶等食品。如此，吸引了大量的用户参与进来。

第四，在用户的购买或使用环节中设置场景。

场景构建，不仅仅局限于当前已有的场景，还可以从用户的购买环节或使用环节入手，为其创造新的场景。

例如，在付款环节，一些商家设置了"价格挑战门"。"价格挑战门"分为宽窄不同的几道门，用户穿过不同的门，可以享受到不同的折扣。在这一过程中，用户的身材就是其优惠特权。通过这一场景，不仅提升了付款环节的趣味性，加强了用户与商家的互动，还让用户享受到了一定程度的优惠，从而引发了用户的自动传播。

■ 遵循原则，合理构建场景

为了更好地构建消费场景，需要遵循一定的原则。

第一，场景构建要自然。所谓自然，就是顺其自然，恰好在用户需要或者可以接受的场景下出现。如果场景设置过于刻意，则会引起用户的反感。

360手机卫士APP，只有在收到流量不足的短信时，才会引导用户购买流量包。这样的场景是自然而然的，用户正好需要购买流量包。而如果在用户流量充足的情况下，系统仍然经常推送相关信息，则会引起用户的反感，甚至卸载。

第二，场景细节构建趋向具体。在构建场景时，其细节构建越具体，用户的体验往往越好，场景所发挥的推动作用就越大。而如果场景构建细节不到位，推动作用则会大大降低。

太平洋保险旗下的太保产险上海分公司与携程旅行网联合推出了国内首款航班延误保险产品，并在APP上正式上线销售。但是，由于携程在搭建购物场景时，忽略了其中具体的细节，导致缺乏推动用户购买的推动力。而如果能够做好细节处理，在用户购买飞机票时，APP就自动向用户推动购买保险的提醒，同时向用户展示其所乘坐航班的晚点率，用户就会仔细权衡利弊，最终购买保险。

第三，充分利用外部触点。如今，大部分用户的手机上都安装着大量的APP，但是，并不是每个APP都能让用户频繁打开。在这样的情况下，为了让APP不被用户遗忘，企业就要学会利用场景外部触点，让用户主动使用APP。

在手机的使用环境中，有很多可以在场景化中应用的触点，比如短信、各类通知信息、位置信息等。

其中，短信可以有以下三个方面的用途（见图4-2，下一页）。

图4-2 短信在构建场景方面的三个用途

第二节 树立场景思维，为用户创造极致体验

场景，是新零售中的一个关键词语。在传统零售模式中，商家考虑的是产品如何指向目标用户群，以及如何解决生产和销售这两个环节，其管理的重心仍然是企业内部业务体系的管理。但是，新零售中，更加注重为消费者提供深度体验。因此，零售商要转变以往的思维方式，树立场景化思维。场景思维，是一种推演和模拟思考的能力，通过想象并模拟场景，在产品未推出之前就能够精准预测实际效果以及用户的使用行为。如今场景思维已逐步成为决定行业竞争胜败的关键因素。谁能够拥有更好的场景思维，谁就能赢得未来商战的主动权。

■ 提升想象力和大量信息处理能力

场景化思维，需要强大的想象力和信息处理能力做支撑。因此，在树立场景化思维时，要提升想象力和大量信息处理能力。

第一，想象力。场景思维，在某种程度上表现为推演能力。只有具备超强的推演能力，才能从预测用户的需求出发，精准预测用户在之后所发生的一切购买行为，并有针对性地为其提供个性化服务。在打造场景时，商家需求首先构想一个虚拟化场景，综合考虑时间、地点、任务以及时间等多种因素（见图4-3）。

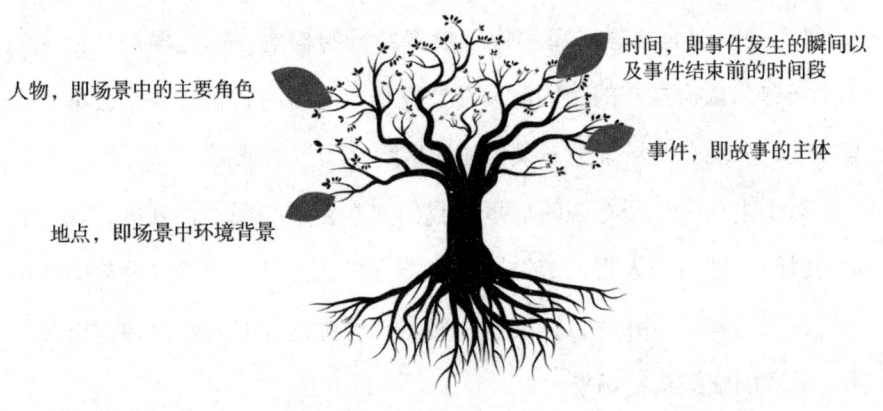

图4-3　场景要素

当完整想象以上要素之后，便可以在大脑中形成一个完整的场景故事，即谁在什么时间，什么地点，发什么了什么事情。

第二，大量信息处理能力。由上文可知，树立场景思维，需要由强大的想象力，但是，仅仅拥有想象力，并不代表已经成功树立了场景思维。要想树立场景思维，除了需要有强大的想象力之外，还要有一定的处理、加工、计算大量信息的能力。这一能力主要用于对正确的场景的预测。如果仅凭想象，可以构建出的场景是多种多样的，但是，真正符合用户需求的往往只有一种。因此，为了正确预测该场景，就要对用户所产生的大量信息进行处理、加工、计算，寻找最正确的场景。

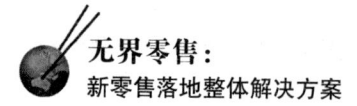

■ 从捕捉现有场景和创造新场景两方面树立场景化思维

通过将场景进行分类，可以发现，场景主要包括现有场景和当前没有出现的场景两类。在树立场景化思维时，要从这两个方面全面思考，练习场景化思维能力。

1. 捕捉现有场景。新零售中很多场景的构建，都是根据生活中的某个场景为依据构建的。因此，在建立场景思维时，首先要学会捕捉现有场景，从现有的场景中寻找构建虚拟购物场景的依据。

对于生活中已经存在的场景，我们要学会细心观察、分析，找出其中的时间、地点、人物、事件以及连接方式。并且，要准确地从中找出人们存在的痛点，并着力解决这一痛点。通过这样的方式，构建出符合用户需求的虚拟购物场景。

打车软件优步的创始人卡兰尼克，正是捕捉到了日常的生活场景，从中发现了痛点，并虚拟场景，才成功开发出了优步APP。

一次，卡兰尼克正在跟朋友在街头游玩时，想要打车，却迟迟打不到。这时，卡兰尼克想，如果能够直接在收集上下单叫车就不会出现现在这样打车难的问题了。于是，卡兰尼克将"打车"这一场景和"打不到车"这一痛点相结合，产生了核心的运作理念：就是要用App将用户需求与提供租车服务的司机联系起来。

于是，卡兰尼克打造了优步APP，将其使用场景定义为：当用户打开优步APP，会自动跳出一幅地图。用户可以自行选择上车地点。然后就会看到一个汽车形状的图标向上车点驶来。当用户上车后，还可以享用优步提供的免费的点心和瓶装水。到达目的地后，系统会进行自动扣费。整个过程非常人性化。

新的出行商业模式经由一个App，把用车场景全部组织起来。这就是一个典型的基于痛点，然后把"时间、地点、人物、事件、连接方式"进行重构的商业模型。

2. 创造新场景。建立场景思维，除了要捕捉现有场景外，还要学会创造新场景。现有场景是有限的，如果能够创造新场景，不仅可以给自己一个新的发展机会，还能够给用户一个全新的体验。例如，如果有了某种物品或工具，则可以把一些前所未有的任何事组织起来，创造出一种全新的场景，解决人们尚未发现的问题，或者提升人们的体验。

例如，打造新零售的一个关键技术——VR虚拟现实，通过将这项技术与机器人结合，可以创造出大量的新的消费场景。

场景和商业息息相关。现在已经有无数的新场景，正层出不穷地被定义，而当一种新场景出现并被重新定义之后，我们就能够利用技术、产品和平台等多维度的优势，尽可能广、尽可能深地融入到用户全天候的活动场景中。

在由传统零售模式向新零售模式转变的过程中，要以企业的经营业务为基础，精准捕捉现有场景，并大胆构思新场景，通过各种场景不断为用户创造新的体验方式。

第三节 建立"人、货、场"三层连接

人、货、场是零售的三要素。从传统零售向新零售转变的过程，同

时也是重构人、货、场三要素的过程。构建新零售的消费场景，实际上就是建立"人、货、场"三层连接，即用户与商家的连接、用户与商品的连接以及用户之间的连接。因此，打造消费场景时，商家要着重建立起这三层连接，以保证消费场景的体验性与互动性。

■ 建立用户与商品连接，加强信息对称

任何模式的销售，其开展都必须依赖于用户与商品之间的连接，即能够把商品信息完整地传递给用户，让用户知晓并了解商品。这也是达成购买行为必须经历的过程。

随着消费模式的不断变化，消费者已经由以往的主动搜索、购买商品，变成了场景化的随手消费。在这样的消费模式下，作为商家，需要考虑的不应该只是如何把自己的货卖出去，而是应该着重考虑如何在自己的商品与用户之间建立连接，让用户来体验、了解，从而达成购买行为。

建立用户与商品之间的连接，就是要加强信息对称，将商品的各种信息（见图4-4）传递给用户。

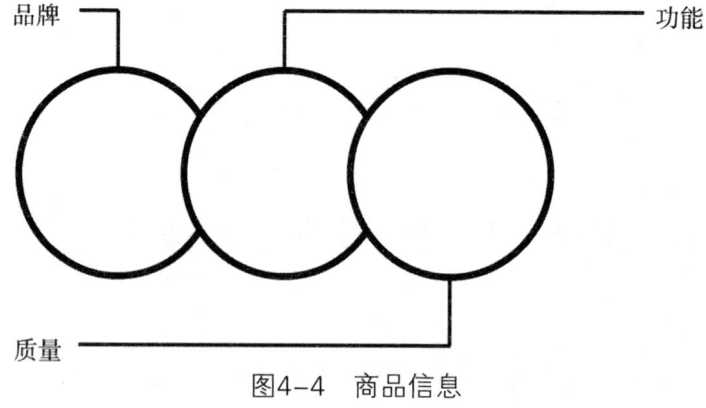

图4-4 商品信息

例如，某按摩椅品牌为了做好产品推广，在商场内举办试用体验活动。消费者可以在展出的样品按摩椅上进行短时间的试用。在这一过程中，可以对该产品的质量、体验形成一个最直观的感受，如果感觉适合自己，则可以现场购买。这样的方式无疑加强了商品与用户之间的连接，将产品的品牌、质量、功能等信息有效传递给用户，加强了双方的信息对称。

用户了解商家的最直接途径就是商品，同时，商品质量的好坏也对用户是否会再次购买起着关键作用。因此，建立好用户与商品之间的连接，对于打造新零售至关重要。

■ 连接用户与商家，在互动中提升用户粘性

建立人、货、场三层连接中的第二层，就是建立用户与商家之间的连接，加强与用户的互动。这是商家获取用户，增加用户粘性的一个有效方式。

例如，当一个年轻妈妈需要购买一瓶洗衣液时，在线下实体店随手购买一瓶洗衣液与在线某品牌的APP详细咨询后购买，或许这位年轻妈妈通过这两种方式所购买的洗衣液是一样的。但是，对于商家来说，产生的价值却完全不同。

年轻妈妈随手在线上实体店购买洗衣液，当她结账走出店门口，实际上与商家已经失去了联系。并且，因为她的购买行为完全是随机的，因此，并没有与商家进行互动，双方也就没有连接，商家也就无法通过对她进行再次营销而留住客户。

但是，如果年轻妈妈是通过品牌的线上APP详细询问之后做出的购

买决定,那么在询问的过程中,商家就可以对这名年轻妈妈对于洗衣液的需求、偏好是什么样的。在互动中建立了连接,之后便可以根据其消费行为进行针对性营销。

实际上,建立商家与用户之间的连接,并不仅仅表现在这样的直接互动当中,还表现在下单、支付、物流、快递上门、退换货服务、投诉等多个环节。通过这些环节,可以在商家与用户之间建立连接,并通过互动了解用户、增加用户粘性。

例如,当我们接到消费者投诉时,首先,要用一个良好的态度面对。在化解用户不愉快的心情过程中,提升用户对商家的好感度。同时,了解用户投诉的原因。既可以了解自身的不足,提升产品与服务质量。还可以了解用户的喜好,对用户形成更加完整的了解。

实际上,建立用户与商家之间的连接,主要有以下两层含义:

1. 通过专业的导购方式拉近用户距离。

从上述年轻妈妈购买洗衣液的案例中可以看出,当商家为年轻妈妈提供专业的咨询服务的过程中,不仅可以向其推荐自己的商品,同时,也会对这名年轻妈妈的购物需求有更全面的了解。在商家与用户的互动当中,无形中就拉近了用户与商家的距离。

2. 通过商品故事激发用户情感。

建立情感化设计的组成要素。通过建立情感化设计要素,加强与用户的情感互动,使用户在互动过程中产生积极正面的情绪。当用户产生积极正面的情绪和愉快的记忆后,就可以有效提升用户对于商家的好感度,从而更加乐于使用你的产品。

■ 连接用户与用户，构建社群

在各个用户之间建立连接，是三层连接中的第三层。第三层连接在本质上与第二层连接相同，都是提升用户的互动效率。但是，第二层连接偏重于商家与用户之间的连接，是一对一的互动。而第三层连接主要为各个用户之间的连接。这一层连接并不局限于一对一的连接，而是多个用户之间的多对多连接。通过将众多的用户连接起来，最终可以建立用户社群。这种多对多的连接互动，不仅可以让用户深入了解商家，加强用户对商家的信任关系。同时，还会在所建立的用户群中形成某种特定商品的消费文化，以促进用户向粉丝的转变。

小米之所以能够获得成功，在很大程度上就是因为成功构建了用户与用户之间的这第三层连接，并将这种连接的作用发挥到了极致。

此前，小米手机一经推出，就受到了用户的广泛欢迎，究其原因，离不开其先期积累的50万MIUI粉丝。而当前的小米之家也基于小米手机这一爆品和流量入口，推出了更多更全的消费电子产品，并致力于营造一种基于消费电子产品的社群文化。

正是因为小米成功将用户连接在了一起，组建了社群，并通过特有的社群文化，将普通的小米用户逐渐转化成为了小米庞大的粉丝群体。使得小米产品一经推出，就受到了小米粉丝的追捧。而这，也是帮助小米提升知名度以及吸纳新用户的主力军。

第四节 三个场景化：产品、渠道、内容

新零售模式下，在利用场景交互为用户提供线下体验，以实现消费和引流的目的的过程中，需要做好三个场景化，即产品场景化、渠道场景化、内容场景化。这三个方面的场景化，实现了从产品到服务体验到消费渠道再到消费氛围等多个维度的场景交互，从而可以使用户获得全方位的极致体验。因此，传统零售企业在向新零售转变的过程中，要分别从产品、渠道以及内容等三个方面进行场景构建。

■ 产品场景化：注重垂直细分和功能化

一个种类的产品往往适用于某个特定的场景。在以往的销售模式中，某个种类的产品，对应某个大范围的消费场景。但是，在新零售模式中，不论是品类命名，还是产品的消费属性，其所适用的场景出现了逐渐细分的态势，呈现出明显的特点（见图4-5）。

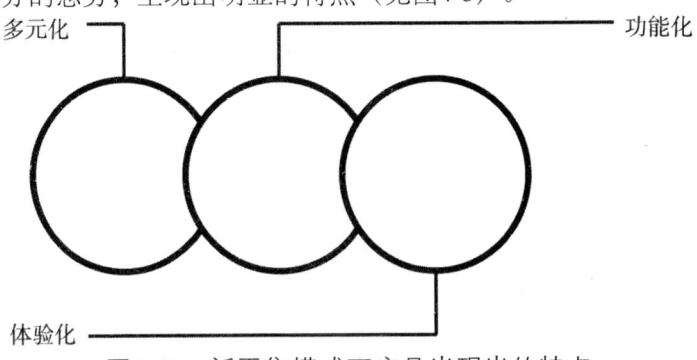

图4-5　新零售模式下产品出现出的特点

从产品的研发设计，到产品的适配用户，再到适用场景，都不断迸发出新的需求点。在产品场景化的过程中，要充分适应这种趋势。

1. 全品类。

以休闲零食为例。在传统的消费模式中，休闲零食所适用的场景往往是休息、闲暇的场景中。但是，随着消费场景的垂直细分，休闲零食的品类范畴不断扩大，消费场景出现了全时段化的特点。以近十年之中休闲零食的市场需求变化来看，最初，休闲零食的品类大多为膨化食品、糕点等。但是，随着消费者的需求不断提升，休闲零食的品类范围已经扩大到了坚果炒货、糕点、膨化食品、海鲜肉脯、糖果等内容。品类不断增多，消费场景不断细化，表现为"全零食生态"。

百草味作为著名的休闲零食品牌，其经营品类的演变，正是适应了消费模式的升级之路。

百草味在2003年成立之初，其线下实体店仅仅有少量品类的产品。但是，随着消费升级，截止到2018年，其经营品类已经拓展到了包括坚果炒货、海鲜肉脯、糕点糖果等在内的多种品类。并且，还提供早餐和夜宵，实现了全天候的消费场景需求。

百草味的早餐不仅有面包和糕点，在2018年春季，还新推出了粥系列；晚餐与夜宵方面，推出了包括"夜伴小卤"系列在内的各种肉类和卤制品，以最大限度地满足年轻消费群体的消费需求。

2. 品类垂直细分。

产品场景化，还要求在同一个品类下，细分不同的消费需求和消费场景，从而将同一个品类的产品细分为多种样式。

以著名的坚果品牌——每日坚果为例。最初，消费者对于坚果的需求，多是以散货为主。消费者常常购买大量的散货。但是，随着近年来

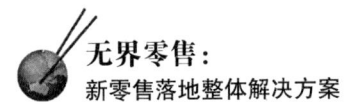

消费者对于简单、轻便、健康等观念的注重,一次性大量的散货已经无法满足消费者的需求。于是,坚果逐渐向"精装化"转变。每日坚果就是坚果品类垂直细分出的新品类。它不仅讲究包装上的轻便、年轻化,更追求健康与营养均衡。

品类的垂直细分还表现在对于特殊节令的把握上。随着人们生活水平的提高,生活中,更加讲求"仪式感"。不同的节日,消费者会购买不同的产品。在产品场景化过程中,还应抓住这一点,针对不同的节日时令,推出代表性的产品,促进产品的销量。

3. 产品功能化。

所谓产品功能化,指产品给消费者带来的实际体验。如今,消费者除了在乎产品的质量外,还非常注重产品本身所具有的功能以及实际体验。因此,在产品场景化的过程中,我们还要注意在产品生产、设计等多方面为消费者考虑,构建更加实用的场景,提升产品的功能作用。

例如,每日坚果为了让提升产品的便捷性,将以往的大包装,升级成了多个小包装,每个小包装里包含多种不同的坚果。如此,不仅提升了产品的便捷性,更加适用于外出食用,还迎合了当下"营养均衡"的观念。

■ 渠道场景化:多元+便捷

新零售模式强调人、货、场三个角度的重构。场,则代表渠道。因此,必然涉及到渠道。在渠道场景化过程中,主要表现为渠道的多元化与便捷性。

互联网时代,零售中的"场"早已突破了以往的概念,不仅包括物理空间意义上的消费场所，还包括通过互联网构建的虚拟消费场所。在传统的销售模式中，最初，消费者只能从线下实体店购买商品，然后，再到线上与线下齐头并进。当进入消费3.0时代，更加讲求线上线下的融合。

以京东全球购线下体验店为例。2018年9月，全国首家京东全球购线下体验店在重庆渝北区财富购物中心落地，这是京东布局新零售的重要一环，同时，该体验店也担负着线下销售、体验以及线上引流的多重责任。

京东全球线下体验店拥有来自全球各地的价廉物优的各类商品，同时，还打造了符合消费者个性化爱好的体验空间，如烘焙课堂、共享厨房、3C数码等。除此之外，体验店还会不定时组织读书会、红酒鉴赏等知识型社交活动。该体验店除了能够满足传统的线下商品销售的功能，其主要目的是实现线上导流，实现线上线下一体化。

通过渠道场景化，既要尽可能地在物理空间上进行全面布局和铺设，同时，又要打破空间的局限，线上线下一体化，多维度地"触达"或者"接近"消费者，让消费者"无限触及货"。不管他们在线下实体店，还是线上任何一个渠道，都能迅速、快捷、安全地买到自己需求的产品。

■ 内容场景化：注入感情，突出影响感性层面

消费3.0时代，消费者在追求产品质量与消费便捷性的同时，对于产品本身之外所传递出的感情、价值观、品牌温度等有了更深层次的关注。因此，打造新零售，就要做好内容场景化。在提升产品质量与消费

便捷性的同时，为品牌注入感情，突出影响感性层面，在与用户建立感情链接的过程中，拉近品牌与消费者的距离，从而促进购买。

近年随着互联网兴起的新的坚果品牌——三只松鼠，就制作了《三只松鼠》的动画，用品牌IP打造娱乐产品，加强与消费者的互动。而百草味则打造了音乐节，迎合年轻消费群体的爱好，将零食和娱乐在场景中深度融合，构建了集合吃、唱、玩一体的消费场景。

2018年年货节，百草味和良品铺子两大品牌先后推出了年货节主题宣传片，更多的向消费者和用户传递了品牌温度，从感性层面攻占消费者心智，增强用户粘性。

总体来说，内容场景化，构建品牌与消费者的情感连接，可以从以下三个方面入手（见图4-6）。

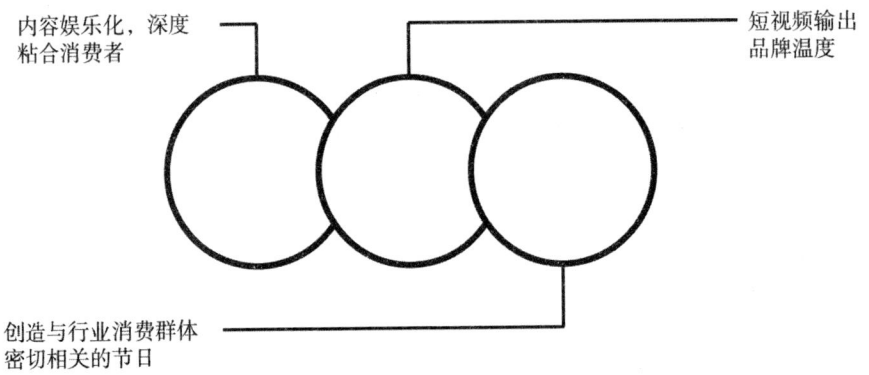

图4-6　如何建立品牌与消费者的情感连接

第五节　建设智能零售平台，让用户在高频互动中做出购买决策

社交零售的开展，必须以智能零售平台为依托。用户的购买行为和商家的销售行为，都要在零售平台上进行。因此，商家要打造社交零售，实现社群营销，就要建设智能零售平台，在零售平台与用户进行高频互动，让用户了解商家、了解品牌、了解产品，并在高频互动中最终做出购买决策。

阿里巴巴作为电商巨头，站在新零售的风口，打造了自己的智能新零售平台，以更好地开展新零售业务。

阿里巴巴打造了两个智能新零售平台，分别为"阿里零售通"和"阿里零售+"。

"阿里零售通"是阿里巴巴B2B事业群针对线下零售小店推出的一站式进货平台，实现互联网对线下零售业的升级，同时，也是线上线下零售业的创业群体的创业平台。其功能主要表现在以下三个方面：

1. 拓展消费新领域。"阿里零售通"着力发展社区经济。通过联合社区内的小店，为消费者提供"一站式"便民消费功能。"阿里零售通"依托互联网，打造新零售，不仅可以为社区消费者提供各类生活用品，还包含了多种农副特色产品、中介代理服务、水电煤代收代缴、医院挂号等多种功能。

2. 线上线下提供创业平台。"阿里零售通"为线上线下创业群体提供创业平台，提升"互联网+流通"业从业人员的能力。

3. 推动流通领域全面升级。"阿里零售通"通过搭建流通生态系统，不仅降低了商家的流通成本，还实现了商流、物流、信息流、数据流、资金流等的深度融合。其中，物流与菜鸟裹裹联合，保证各城市的物流运作，从而给供应商提供更加便捷的物流服务；此外，物流还与支付宝合作，给供应商提供贷款保障。

"阿里零售+"作为智慧新零售平台，分别连接供货商与零售商，帮助双方实现货源供销、供销连接，同时结合智能进销存系统、智能硬件实现线上线下订单业务打通以及会员、数据打通。

"阿里零售+"针对供应商提供的服务主要包括以下几项内容（见图6-7）。

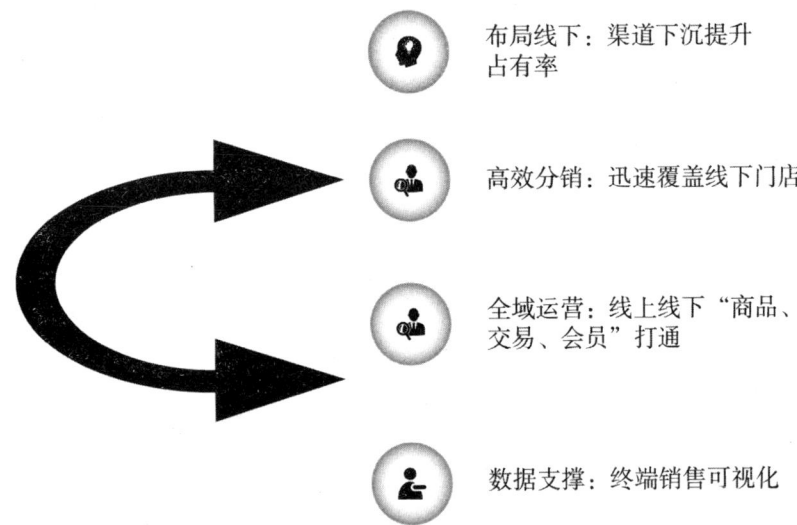

图6-7 "阿里零售+"针对供应商提供的服务

"阿里零售+"针对零售商提供的服务主要包括以下几项内容（见

图6-8）。

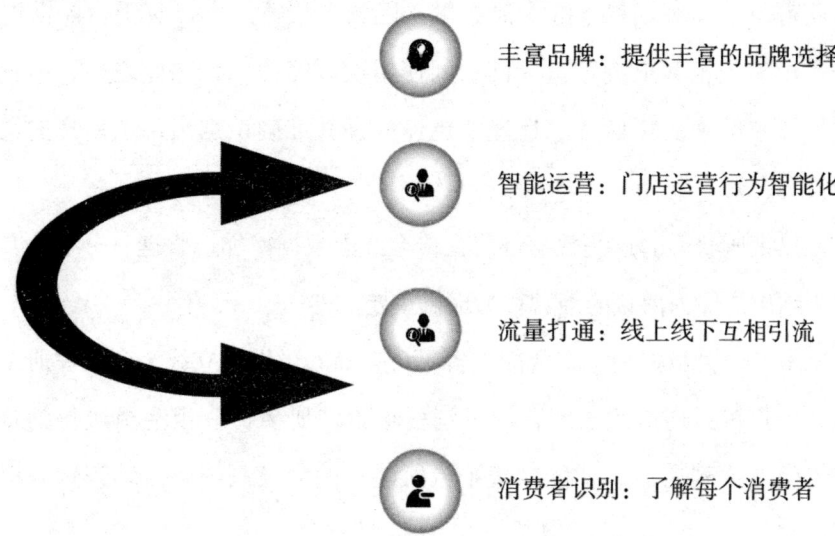

图6-8　"阿里零售+"针对零售商提供的服务

通过构建智能新零售平台，不仅提升了供应链的相应速度，还加强了商家与用户的联系，实现了商家与用户的高频互动。传统零售商在向新零售转变的过程中，同样需要打造智能零售平台，加强与用户的联系和互动。

■ 充分发挥智能零售平台的4大作用

建设智能零售平台后，商家需要充分了解并发挥智能零售平台的作用，为社交营销助力。总体来说，智能零售平台的作用主要表现在以下四个方面：

第一，用户画像，分析用户消费行为。通过在线下零售场景中布局摄像头等传感装置，可以获取用户的画像，收集包括性别、年龄、身高、体重、种族、衣着等用户信息；同时，在不同的零售场景下，还可以获得每个零售场景下的客流数量、区域人数、热度、收银台排队时长、橱窗展柜客户浏览量、试衣间使用次数等信息；除此之外，店铺内所设置的智能摄像头，还能够迅速捕捉并准确识别出每个用户的消费行为。

以上所获得的这些数据都将上传至线上数据库加以整理、分析，其分析结果能够为商家的经营行为提供重要依据。

第二，会员识别。在智能零售平台，商家可以建立线上会员注册系统，用户可以通过线上或者线下消费场景注册会员。当会员进行消费或者第二次到店后，智能零售平台所建立的会员系统会自动识别并提醒商家。

第三，精准营销。当商家通过用户画像与用户行为分析掌握了每个用户的消费习惯后，便可以根据每个用户的具体需求，有针对性地为用户推荐个性化商品，实现精准营销。

第四，会员管理、社群运营。以智能零售平台构架的会员体系为基础，商家可以打造以数据为中心的用户群和智能商圈，让用户对社群逐渐产生认同感和依赖感，从而激活市场活力增加用户粘性。

第五，智慧销售。以智慧零售平台为依托，商家可以实现自动订货、在线体验、自动支付等购物环节，同时，人脸识别技术还能够为零售提供拓展识别的功能。总体上，能够有效提升商家智慧销售的能力。

■ 掌握建设智能零售平台的3个要点

商家要建设智能零售平台，要从以下三个要点出发，合理建设智能零售平台。

第一，树立共享共赢的生态化思维。新零售模式下，企业经营的各个方面都更加注重融合共享。在建设智能零售平台时，同样应该树立共享共赢的生态化思维。商家通过建立企业的社交化数据服务系统，并通过线上线下互动、口碑营销，能够有效提升品牌的影响力，实现裂变。

第二，加强供应链假设，降低供应链风险，打造共享供应链。

第三，维护线上零售平台系统。在建设智能零售平台的过程中，要树立整体的新零售思维，通过将线上线下结合，保证群体与服务、终端配送、线上平台、数据共享、服务共享等多方面的工作能够有序开展，最终提升营销效果以及企业整体的经营效益。

第六节 满足定制化需求，利用数据实现个性化定制服务

随着人们消费水平的逐步提升，越来越多的消费者已经不再满足于传统的大规模、一致性的消费，转而对个性化消费提出了更高的要求。每个消费者都有自己不同的心理预期与消费需求，而新零售模式下的场景构建，则通过定制化场景满足了消费者的不同消费需求。因此，企业在进行场景构建时，需要利用大数据实现个性化定制服务，以满足用户的定制化需求。

海尔作为著名的家电品牌，通过构建消费场景，实现了全场景化钉子智慧成套方案，建成了智慧家庭第一平台品牌。

海尔所打造的全场景定制化成套方案,是行业中第一个以用户为中心,满足用户定制化需求的智慧成套方案,其核心则为"4+7+N"的业务模式。所谓智慧成套方案,指的是通过新技术,根据用户的需求,帮助用户一站式定制全套家电的方案。以往,消费者在购买家电产品时,总是要在多家店铺中寻找各种各样的家电,最终才能满足自己的需求,不仅耗时耗力,还由于所购买的很多家电都没有质量保证,而最终影响了用户的使用。而通过海尔的全场景定制化成套方案,消费者可以根据自己需求实现N种智慧生活全场景的定制,消费者在线上以及线下智慧家庭体验店均可下单购买。海尔智慧家庭的智能主要表现为以下几点(见图4-9)。

图4-9 海尔智慧家庭特点

海尔通过场景构建,使用户拥有了全场景、定制化、智慧成套的一站式服务体验。"4+7+N"的业务模式中的"4",指的是海尔持续迭代升级的4大物理空间,具体包括以下内容(见图4-10,下一页)。

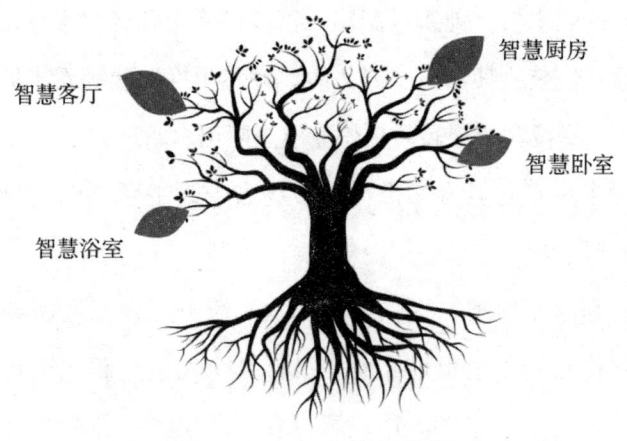

图4-10 四大物理空间

"7"指的是海尔的七大全屋解决方案,具体包括以下内容(见图4-11)。

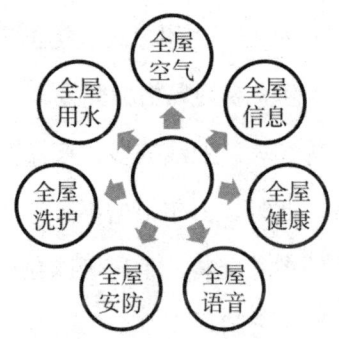

图4-11 七大全屋解决方案

"N"则指变量,代表用户根据自己的需求定制的N种智慧生活场景。该生活场景根据用户的不同需求,可以进行多种变换,产生多种结果。

基于4大物理空间和7大全屋方案,从装修前到装修后,各种空气、用水、食物、安防、娱乐等智慧生活需求均可一站满足,且实现智慧场景无限定制。以全屋用水解决方案为例,再也不用各种品牌大杂烩,海尔智慧家庭的软水机、前置过滤器、管线机等全阵容净水设备，以及从软水管路设计安装到使用中实时水质、滤芯更换提醒等看不见的软性智慧，可以一站到位帮用户轻轻松松完成全屋用水管理。

海尔为了真正将其方案推行到市场当中，主要从以下四个方面入手，进行了推进。

第一，利用全渠道，提供体验和购买服务。在打造新零售的过程中，海尔同样布局了全渠道。而在推行其全场景定制化成套方案时，海尔则充分利用了全渠道。用户可以在多种渠道中体验并且购买，非常便捷。为此，海尔除了现有的30000家线下门店，还在陆续布局6000+智慧家庭体验店。其线上旗舰店以及其他电商平台也将打造智慧家庭体验中心。

第二，利用3D云设计平台，为用户线上提供全屋一键配置的省心设计，可以根据用户的需求随意变换风格和配置。

第三，海尔水洗空等10大产业线的多种产品，完全可以满足用户购物需求，保证一次买齐。此外，海尔根据不同消费群体的需求，推出了豪华套、时尚套等在内的多种套装，用户可以在现有套装内选择，也可以根据具体需求进行个性化定制。

第四，为用户提供成套服务。以往，用户购买家电往往分多次购买，每次购买都要安装，既费时又费钱。而海尔提供的成套服务，则有效解决了这一痛点。海尔提供的成套定制服务，全流程生命周期管护，1个服务团队1次性解决用户成套家电的任何服务需求。

企业在构建消费场景时，要注重通过场景定制满足消费者的个性化需求。

■ 开放平台，整合资源

企业要想通过构建消费场景满足用户的个性化需求，实现需求定制，首先要开放平台，整合资源。

通常，一个企业往往拥有众多的用户，而每个用户的需求则存在各种差别。为了满足用户的需求，实现为其定制需求的可能，就要打造开放的平台，整合各种资源。只有各类资源足够多，才有可能满足用户的需求。如果企业提供的资源过少，则缺少满足用户需求的硬性条件。

在上述案例中，海尔为了满足用户的定制需求，提供了多种资源，从装修前到装修后，各种空气、用水、食物、安防、娱乐等智慧生活需求均可一站满足。如果海尔所提供的资源有限，即使用户提出了定制需求，海尔仍然会由于缺少硬件而无法实现需求定制。

■ 加强用户参与，实现企业与用户的"零距离"

企业要想实现用户需求定制，一个大前提则是用户的参与。如果缺少用户参与，企业则只能唱"独角戏"。没有用户参与，需求定制也就成为了一句空话。特别是在互联网时代，用户的需求在不断变化，为了快速捕捉用户的需求，企业就要加强用户参与，实现企业与用户"零距离"。

海尔为加强与用户的互动与接触，开放全渠道，用户可以在多种渠道中接触到海尔的产品信息，并且可以获得良好的体验，购物过程也极为方便。如此，海尔便可以迅速捕捉用户的需求变化，并制定针对性策略,以满足用户不断变化的需求,真正实现用户需求定制。

第七节 加强商品与用户互动,把每一次购物变成一次情感体验

构建消费场景的主要目的,就是加强商品与用户之间的互动。通过互动,不仅可以加强用户对产品的认知,更全面地了解商品。同时,还可以有效提升用户的消费体验,在提升用户体验的过程中增加用户粘性。因此,在构建消费场景时,要注重商品与用户的互动,把每一次购物都变成一次情感体验。

■ 与用户建立长期、可信任的关系

新零售模式中,用户是核心,商家的一切行为都要围绕用户进行。并且,在消费者主权时代,商家要想获得成功,在提升产品本身的质量的同时,还要提升服务质量,"卖服务"也将成为新零售的底层商业逻辑。商家要切实以用户为中心,以服务为内核,与用户建立长期可持续的信任甚至信赖关系。在这样的情况下,新零售往往更加注重用户、内容、粘性以及服务。其中,内容可以最大限度地吸引用户,以实现精准营销。而高质量的产品和服务,已经成为了新零售的"标配"。高质量的产品能够提升用户的忠诚度,而高质量的服务则是提升用户粘性的重要方式。

社交电商的核心在于基于人际关系的紧密连接，以及借助社交媒介的传播渠道，在这一过程中，"熟人"和"信任感"发挥着重要作用。信任才是社交的核心，只有信任，用户才会做出购买行为。因此，在打造新零售的过程中，商家首先要获得用户的信任。

在与用户构建好信任链接后，就可以采用分享的方式推广产品，利用大数据深入研究、挖掘用户的需求，呈现出高粘性、高复购、高转化特征。只有商家的各项行为能够高度符合并满足用户的需求，才能真正提升用户的粘性。

在用户关系的构建方面，孩子王的做法值得学习和借鉴。

在孩子王，几乎80%的员工都拥有专业育婴证书，并且，几乎每家门店都配有专门的育儿顾问。为了最大限度地保证对用户的服务质量，孩子王规定，育儿顾问不承担销售的任务，只需服务好顾客，完成旧会员的维护与新会员的开发工作。

一旦某位会员被开发，就会归属到相应育儿顾问名下，由育儿顾问提供一对一的专业育儿咨询和服务，绝大多数会成为微信好友。

由此，孩子王构建了一张庞大的以育儿顾问为关键节点的会员关系网。同时，孩子王在用户和商品之间建立了定制关系，基于数据定位需求形成具有规模的某一用户群体，进而向供应商反向定制解决方案。

孩子王CEO徐宏伟说，"育儿顾问像专业的闺蜜一样，跟用户一起去解决育儿过程中遇到的挑战，从情感上与孩子父母产生连接。

■ 加强场景消费中的三重互动

第一重互动是供应链的互动，其效率指标为响应速度，即精准定义

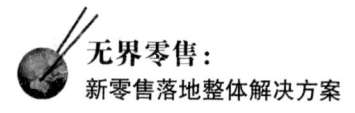

用户诉求后的供应链响应效率。

著名的快时尚品牌ZARA之所以能够如此成功,与其高效的供应链是分不开的。

ZARA每年推出的款式在12000个左右,其上新率保持在每周一到两次,产品从设计到上架,时间可以保持在三周之内。这样的效率,高度符合ZARA快时尚的品牌定位,其速度完全满足目标用户追求时尚以及对于效率的要求。同时,ZARA的产品定价不高,同样符合其中等消费水平的用户群的定位。同时,ZARA还会控制一切与快速、时尚无关的成本,如不铺广告,以降低营销费用;不使用高档面料,采取"二次设计"等。为了将供应链响应周期控制在7天内,ZARA研发了RFID系统,从工厂到销售终端均可实行追踪,并能实时报告库存情况。

第二重互动是内容的互动,其效率指标为内容连接效率,即抢占用户心智、界定用户标签的情感效率。

Coop是位于意大利米兰的"未来超市",在这里,每一种食物都有自己的故事。超市在货架上方安装了巨大的显示屏,当客户触摸某件商品,甚至只是手越来越接近它时,显示屏便呈现关于食物的详细信息。

Coop通过这种方式,实现了人与商品信息,即内容的实时互动,赋予了商品的生命属性和身份标签,将每一次购物变成了一次情感体验。

第三重互动是个性化定制服务的互动,其效率指标为C2B定制效率,即由数据驱动的定制服务的速度、精准度和体验感。

红领西服是一个著名的服装品牌。其最大的特点就是商品完全定制化。不论是在线上还是线下,用户需要提供身材测量数据、面料、纽扣的款式和数量,以及刺绣图案、珠边设计、钉扣缝制方式,甚至每一根缝衣线的颜色等定制需求,红领西服便可以利用"大数据驱动的3D西服打印机"完成西装的定制工作。

在定制过程中,服装的版型会通过3D模型系统即时展示,用户在确定下单前可随时增删修改,直到所定制的服装完全符合自己的要求即止。并且,红领西服会将收集到的用户需求进入平台数据库,通过计算模型直接生成制作图纸,同时申请无线传达至工厂进行生产。红领西服由此完全实现了由用户数据驱动的个性化高效定制服务。

红领西服正是通过为用户提供个性化定制服务,才获得了成功。

第八节 场景互通:融合不同场景下的用户与资产,实现资源裂变

实际消费过程中,一个用户可能在多个消费场景下进行消费,多个不同的消费场景下所产生的消费数据,相比仅仅某一个消费场景下所产生的消费数据而言,能够更加全面地显示一个消费者的消费习惯。而消费者的消费数据越全面,企业对其消费习惯和购物需求的判断就越准确。因此,企业在构建消费场景时,应该注重将不同的消费场景进行互通,融合不同场景下的用户与资产,实现资源裂变。通常,在融合消费场景时,主要依靠以下三条主线串联起来,企业要做好以下三条主线的串联,实现场景互通。

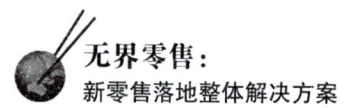
无界零售：
新零售落地整体解决方案

■ 主线一：场景联通

场景联通，顾名思义，指将各个不同的消费场景相互连接起来，加强不同消费场景之间的关联性。通过场景联通，不仅可以实现各个消费场景之间的资源共享，还能够在打通各消费场景的资源的同时，提升场景整体的吸引力和经营能力。

新零售时代，各种消费场景无处不在。传统零售商在向新零售转变的过程中，不应该只局限于某个特定的场景，而应该着力将各类消费场景进行融合，实现全渠道、全域的触达。通过各个场景之间的联动，提升整体经营能力。

商家在实施场景联动时，主要有三种方法实现场景联动。

第一种，无缝切换。指让消费者在消费过程中，在不同的场景之间实现迅速切换，例如实体消费场景与虚拟消费场景之间的切换，可以采用扫描二维码、拍照、人脸识别等手段实现；固定场景与移动场景之间的切换，可以通过线上发送地理位置、消息推动等手段实现。

第二种，功能互动。通常，不同消费场景的功能不同，利用一些手段，可以通过功能互动加强各个消费场景之间的联系。例如，线上消费场景的主要功能为提供便利，线下消费场景的主要功能为提供体验。将两种消费场景的功能进行互动，则可以打造"线上下单，线下取货"和"线上领取优惠券，实体店消费"的活动。两种不同的消费场景各自发挥长处，能够给用户带来更加优质的体验。

第三种，共同烙印。场景联动不仅仅表现在功能上，还表现在场景的外在设计上。在场景联动中，如果仅仅在功能上实现联动，而外在设计仍然是"自己顾自己",那么用户在不同场景之间切换的过程中,不免会产生割裂感。为此,在场景联动中,还要实现进行"共同烙印"。不同的场景采用相似的设计,连接同样的内容、同一个虚拟助手等。如此,不仅可以避免由于场景设计不同而给用户带来的割裂感,当用户由一个场景切换到另一个场景时,还会增加其熟悉感和亲近感。

■ **主线二:数据贯通**

数据贯通,指将不同消费场景下沉淀的数据进行聚合、分析,并且进一步分发给其他需要的对象。

每个消费场景都会产生大量的数据,这些数据下隐藏着多种内容(见图4-12)。

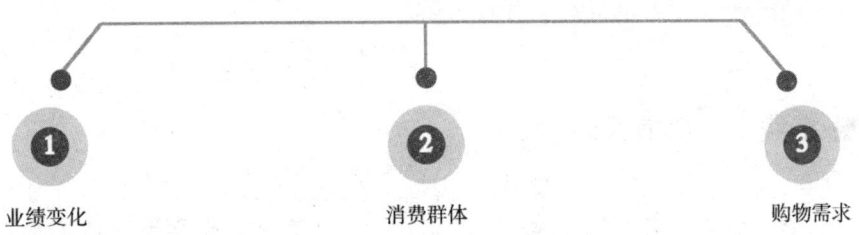

图4-12 数据中隐藏的内容

这些内容对于指导商家的经营行为具有重要意义。但是,如果仅仅是某一个消费场景所产生的数据,则会在一定的程度上过于片面。如果能够将不同消费场景下所产生的数据进行融会贯通,则能够给商家提供最准确、最全面的经营依据,使商家实现对"人、货、场"零售三要素的清晰认知,了解每个用户的偏好、每一件商品的特点、不同消费场景的特有属性,并将其进行精准的匹配。

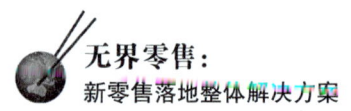

京东通过将多种消费场景下的数据进行贯通，为其制定经营策略提供了有力的依据。

通过长久的积累，京东利用了15种预测模型，建立了多种业务预测系统架构，用于预测未来28天内的每一天京东每一个库应该让供应商储备多少商品。并且，在大促期间，京东通过将自身的数据与雀巢的数据进行融合预测，能够更加准确地预测用户需求，有效避免了以往订单量与库存量不匹配的问题。通过将数据进行贯通融合，其订单满足率从之前的60%提升至了87%，平台产品有货率从73%提高到95%。其中，仅仅考虑"现货率"这一项指标，每年就能够促使雀巢提升超过3000万元线上销售量。

随着数据的不断积累，预测的准确度不断提升，不同场景之间形成了一个良性循环的生态，能够随着业务的发展不断自我强化，不同的场景之间的协同能力也得到了有效加强。

■ 主线三：价值互通

每个消费场景下都存在一定的用户关系和资产，而这些，则是商家在经营过程中的宝贵资源。而价值互通，指的就是将不同场景下的用户关系和资产进行融合。通过将多种消费场景下的用户关系、资产等资源进行融合，能够实现资源裂变，为商家创造更大的效益。

亚马逊通过一系列的工作，实现了价值互通。亚马逊通过Prime会员体系，连接起了其一系列业务——电商、流媒体服务、电子书、物流、AWS等。Prime提供的产品服务越多，用户越愿意续费，继续成为亚马逊会员，购买更多的东西。

而京东也通过与其他平台进行合作,实现了不同场景下的价值互通。例如,PLUS与物流服务(运费券)、PLUS与金融服务(金融会员)、PLUS与线下店(如:山姆会员店)、PLUS与视频网站(如:爱奇艺)、PLUS与单车服务(如:摩拜单车)等。

在场景互通过程中,场景联通、数据贯通和价值互通三条主线是相互协作、相互依存的。企业在打通消费场景时,要同时从这三条主线入手,最终实现场景互通。

第五章
数据驱动：大数据是具有精准洞察力的"担货郎"

  大数据，指无法在一定的时间内，采用常规的软件工具进行捕捉、管理以及分析处理的数据集合，是通过分析处理可以帮助企业实现更强的决策力、洞察力以及流程优化能力的海量、高增长率和多样化的信息资产。大数据在新零售模式的打造过程中发挥着至关重要的作用，可以说，大数据是具有精准洞察力的"担货郎"。

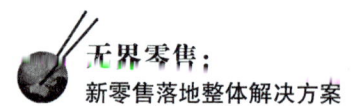

第一节 拥抱大数据，加强用户触达

在以消费者为中心的时代，新零售更加注重"人"，即消费者。新零售强调以用户体验为中心，其经营模式的核心是消费者，包括产品设计、生产、营销在内的全部经营活动都要围绕消费者进行。在这样的情况下，如果对于消费者的喜好和需求缺乏准确认知，经营活动就会极易产生偏差，导致新零售模式的失败。而大数据，正是帮助商家触达消费者的"利器"。大数据在新零售的各个方面都发挥着重要作用。

7-Eleven作为零售界的翘楚，在未来零售领域开展了基于大数据的各项工作。7-Eleven的创始人铃木敏文对于大数据具有一定的研究，他曾说："在学习和实践的过程中，我看重数据，从数据里挖掘价值，同时也锤炼出了一双不会盲目轻信数据的眼睛，能在第一时间捕捉数据的细微变化，并深层次的思考变化原因，这是因为我理解他人的心理。"

在7-Eleven中，数据化管理的流程为分析需求、搜集/整理数据、数据可视化、分析数据、模型建立、决策应用，通过这个过程将数据分析的结果以及所产生的各个场景中的决策建议甚至是直接的决策运用到生产、销售、采购、物流等各个环节中去，用于支持业务、运营、经营策略、战略规划。

以其经典的订货模式为例，大数据在其中发挥着重要作用。大数据不仅包含了竞争对手的订货内容，甚至还将气温、风向、湿度、雨水等纳入了大数据的记录范围。如当绝对温度上升时,饮用水的销量会大增,而绝对湿度上升时,碳酸饮料的销量会上升。不同的外在环境的变化,会影响消费者的需求,而这也是7-Eleven的订货的"风向标"。

■ 利用大数据可以精确商家市场定位

任何商家或者品牌的成功,一定是以精准的市场定位为前提的。在市场上找准自己的位置,能够让一个企业的品牌实现快速增长。而大数据则可以帮助商家快速、精确地进行市场定位。

对于零售市场来说,任何商家想要获得收益,都必须充分利用大数据,在企业中构建大数据平台。通过不断收集各项数据信息,并进行准确地分析、判断,从中了解零售行业市场构成、细分市场特征、消费者需求和竞争者状况等众多因素,结合自身企业的发展要求和经营情况,制定出合适的经营策略,让自己在市场中的定位清晰化、准确化、个性化,提升市场竞争力。

在利用大数据进行零售行业的市场定位时,需要遵循以下步骤:

第一,针对特定的零售市场,实施项目评估和可行性分析。通过收集并分析相关数据,了解该市场的市场需求、消费者购买能力、消费习惯等,在由这些海量信息组成的大数据中,判断该市场条件是否符合企业发展。

第二,将市场情况与企业自身情况相结合,确定市场定位。通过分析大数据,如果可以判断当地市场适于企业发展,则可以进行市场定位。

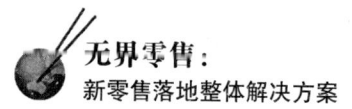

■ 大数据赋能新零售营销

随着互联网技术的不断发展，人们对互联网产品的依赖程度越来越高。人们渐渐习惯了利用网上搜索引擎搜索自己需要知道的内容，利用各种社交软件进行社交，在线上商店网购商品。使得人们越来越多的生活习惯以及行为方式都在互联网上面留下了痕迹。而这些信息，正是商家在营销推广过程中最需要的信息。通过对人们的这些信息进行分析，可以找出他们的消费规律，为针对性营销提供依据。

实际上，在零售行业的市场营销工作中，不论是产品、渠道、价格还是顾客，都与大数据的采集、分析工作息息相关。利用大数据，不仅可以全面、充分地了解市场信息，掌握竞争对手的经营情况，获知自身产品的市场竞争力；还可以积累和挖掘零售行业消费者的档案数据，分析消费者的消费行为和价值取向，实现新零售真正以消费者为中心的理念。

■ 利用大数据支撑零售行业收益管理

收益管理，指通过调节企业各个环节的经营活动，实现收益最大化的过程。为了成功实施新零售，做好收益管理至关重要。而大数据正是帮助零售商做好收益管理的重要法宝。利用大数据，可以保证企业在合适的时间，将合适的产品销售给合适的人，以实现收益最大化。在这一过程中，共包括需求预测、市场细分以及敏感度分析三个环节。

第一，需求预测。需要商家通过对构建的大数据进行统计和分析，建立数学模型，并采用科学的预测方法，准确、及时地掌握市场需求。并且，在经营过程中，要持续了解以下多项信息（见图5-1），及时调整，以达到供需平衡。

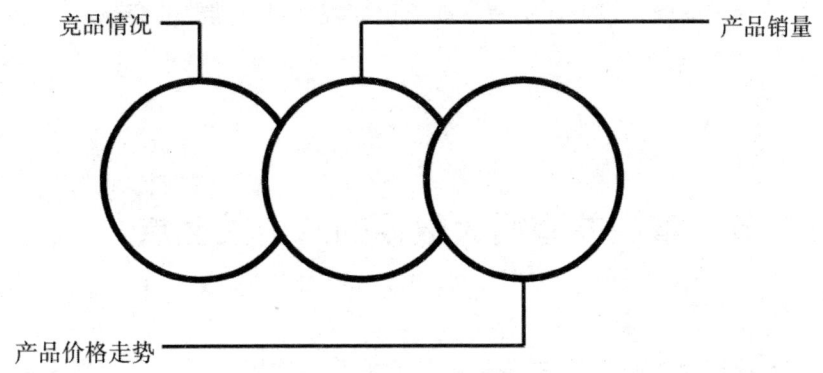

图5-1 需求预测要点

第二，细分市场。利用大数据，在掌握市场需求的情况下，细分市场，制定合理的价格，使各个细分市场的收益最大化。

第三，敏感度分析。通过需求价格弹性分析技术，对不同细分市场的价格进行优化，最大限度地挖掘市场潜在的收入。

■ 利用大数据创新零售行业需求开发

随着移动互联网的飞速发展，如今，手机已经成为了消费者进行社交活动、发表见解的一个重要渠道。消费者通过手机移动端，不仅可以发表自己的意见，还可以主动分享信息，形成了交互性大数据。而在这一过程中，则蕴含着非常有价值的商业信息，零售商可以在其中寻找零售行业需求开发价值。

例如，当商家通过分析某美食网站的用户评论所产生的大数据，发

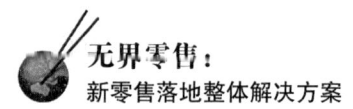

现有80%的消费者认为现在虽然有很多网站可以购买到零食，但是经营的种类繁杂，没有明显的区分，以至于在选购自己需要的商品时，通常要耗费大量的时间。针对这一情况，零售商则可以在自己的网上商店推出商品分类业务，以便让消费者能够迅速找到自己需要的商品。

第二节　掌握并遵循大数据的八个关键点

大数据对于打造新零售具有至关重要的作用。但是，要想充分发挥大数据的作用，企业需要掌握一定的方法和技巧，着力用好大数据。否则，如果企业无法真正将大数据为自己的企业发展所用，那么，大数据就只是一些海量的、无意义的数字。因此，在使用大数据打造新零售时，企业要掌握并遵循大数据的八个关键点，力求将大数据的作用发挥到最大限度。

■ 关键点一：准确定义大数据业务目标

所谓大数据业务目标，指企业希望通过大数据获得的结果。只有明确目标，之后的工作才有章可循，漫无目的只会做无用功。因此，企业在使用大数据之前，首先要明确企业的业务需求和业务目标。

某家企业在使用大数据之前，并没有明确定义其大数据目标。而在之后的工作当中，只能大范围地收集海量的数据，然后再从海量的数据中清除无效信息。这样的做法，使得该企业在收集分析大数据工作上浪费了大量的工作时间，工作效率明显降低。而之所以出现这样的情况，就是因为其在实现没有明确业务需求和业务目标，导致其数据收集缺乏针对性，无法收集并正确创建数据。可见，准确定义大数据业务目标，是使用大数据第一个关键点。

■ 关键点二：多方联动，并持续检查

很多企业在使用大数据时，总是将该工作交付给其中某一个部门。实际上，要想做好大数据工作，需要多方联动，相互配合（见图5-2）。

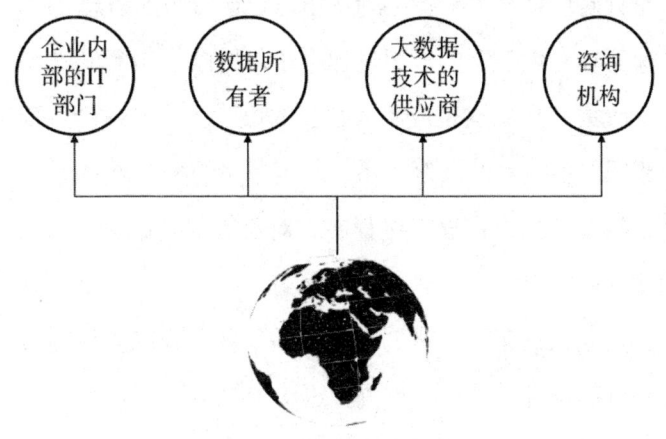

图5-2　大数据工作涉及人员

通过这样的内外相互配合，不仅可以充分考虑企业需求，同时，大数据技术的供应商或咨询机构也可以站在企业外部视角为企业提供新的思路与方法，并帮助企业准确评估当前状况。

除了需要多方联动外，还要在制定战略的过程中，持续进行检查。即在收集数据的过程中不断检查所收集数据的正确性与适用性。如果不是在数据收集过程中进行持续检查，而是在数据收集工作完成后再统一

进行检查，那么当发现数据存在问题后，则会花费大量的时间进行修正，造成人力、物力以及时间的浪费。

■ 关键点三：企业明确自身资源以及需要在大数据中获得什么

大数据中包含着海量的信息。企业要想用好大数据，就要学会从海量的信息中找到有利于自身企业发展的信息。如果企业事先没有明确自身需求，那么最终只能淹没在海量的数据当中。因此，在使用大数据时，企业要明确自身拥有的资源，以及需要从大数据中获得的具体信息。从而有针对性地从大数据中筛选出对自己有用的信息。

顺丰速运在对大数据的应用过程中，包括以下几个步骤：

第一，收集信息。这是应用大数据的第一步，在这一过程中，应用到了顺丰集团的巴枪系统、客户系统、运单系统和投诉系统等。

第二，清洗数据。在这一过程中，对收集的数据进行纠正，保证数据的正确性，同时将其中一些无用信息剔除。

第三，建立数据集市。针对企业当前需要研究的具体内容，筛选有用信息，并对数据进行分析、挖掘，进一步得出结论。

第四，将得出的结论用于商业目的。

■ 关键点四：保持持续的沟通与评估

实际工作中，即使实现确定了大数据业务目标，随着项目在进行期间发生变化，业务目标也要做出相应的调整。因此，在收集、分析大数据的过程中，各个利益相关者要团结协作，进行持续的沟通。当大数据业务目标发生变化时，及时将变更信息传递给IT部门，避免出现

第五章 数据驱动：大数据是具有精准洞察力的"担货郎"

目标偏差。

同时，还要对大数据收集、分析与整理工作进行评估。绘制一张清晰的地图，在某些地点打破预期或期望的结果。如果是一个为期12个月的项目，每三个月检查一次。及时发现工作中的不足并做出调整。

■ 关键点五：利用大数据快速反应

在使用大数据时，企业首先应该确定大数据应用的具体业务领域。同时，还要利用敏捷技术和迭代方法实现大数据快速反应。如此，不仅可以让企业更好地控制业务进程，便于调整。同时，还能够有效提升企业的业务反应能力。

■ 关键点六：评估并确定大数据技术要求

通常，企业所收集到的大约90%的数据都是非结构化的，但是，为了确定最佳数据存储，企业往往需要确定数据来源。因此，企业可以选择SQL（一种编程语言）或NoSQL（非关系型数据库）以及两种数据库的各种变体。

另外，企业需要查看每个数据库的具体分析功能，看看它们是否适用。

■ 关键点七：与云中的大数据保持一致

打造新零售的过程中，同样离不开云计算。而云计算采用的可能是按量计费，这就意味者要处理大量的数据，因此，企业在使用云计算时必须慎之又慎。

企业在使用大数据时，一定要与云中的大数据保持一致，并充分利用云计算。云计算具有以下两个方面的优势。

第一，可以帮助企业迅速构建环境原型。使用数据子集和亚马逊和微软等云计算提供商提供的许多工具，企业可以在几个小时内建立、开发和测试环境，并将其用于测试平台。

第二，留存企业收集的大部分数据信息。由于云计算能够帮助企业存储大数据信息，所以，企业则不需要将数据转移到内部部署的数据中心，为企业的数据存储提供了便利。

■ 关键点八：规范管理企业大数据人才，持续关注合规性与到访问题

大数据作为一个新兴领域，人才稀缺。麦肯锡全球研究院的一项研究表明，2018年全球将缺乏140万至190万名拥有必要专业知识的人员，另外还缺乏基于分析结果做出决策的150万名相关管理人员和分析师。因此，企业要管理好大数据人才，并持续关注其合规性和到访问题。

首先必须明确的是谁应该有权访问数据，以及有多少访问权限。数据隐私是当今的一个主要问题。企业要提升保护数据隐私的意识，以免由于数据泄露造成损失。

其次，企业确保清除所有数据隐私问题以及谁有权访问敏感数据。确定哪些数据可以进入公共云，哪些数据必须保留在本地部署数据中心，以及谁控制什么。

最后，加强对大数据人才的培训工作，提升其工作能力，为企业创造更多的效益。

第三节 数据采集：全渠道、及时性、多数据源

大数据的运用与作用发挥，建立在大数据的完整收集的基础上。只有能够完整收集大数据，大数据分析结果才具有指导商家经营行为的实际意义。如果大数据收集不完整、不准确，不仅之后的数据分析、数据运用工作无法发挥作用，还会误导商家做出错误的经营决策。因此，数据收集工作至关重要。为了保证采集数据的完整性与准确性，就要及时从多数据源、全渠道采集大数据。

■ 明确并掌握大数据采集的形式

采集大数据包含多种形式。为了更好地开展数据采集工作，首先要明确并掌握大数据采集的几种形式。

1. 统计报表。指按照国家统一规定，以报表的形式定期逐级上报统计资料的制度化调查方式。统计报表按照周期长短，可以分为日报、月报、季报、半年报和年报等不同类型。其中，日报、月报、季报、半年报称为定期报表；统计报表按照统计表的形式划分，可以分为邮寄上报、电讯上报和网络上报等形式。

2. 普查。指专门组织的、对一定时点上的国情国力所作的一次性全面调查。企业在使用普查方式采集大数据时，应当遵循两个原则：

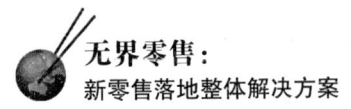

第一，标准时间要固定。第二，普查期限统一。

3．重点调查。指从调查对象的全部单位中选择一部分客观存在的重点单位进行调查的方式。其中，重点单位，是指对总体单位数而言，这些单位的数目所占比重小；对总体各单位标志总值而言，这些单位的标志总值所占比重大。观察和登记重点单位可以了解总体的基本情况。重点调查是一种判断抽样。

4．典型调查。指在研究对象中有意识地选取若干主观认为表现突出的典型单位进行调查的方式。其中，典型单位，是指在总体所有单位中最能体现总体共性的单位。典型调查也是一种判断抽样。

5．抽样调查。全称为随机抽样调查，指按照随机原则从总体中抽取部分单位构成样本，以样本数量信息推断总体数量特征的调查方式。按随机抽选的方式划分，有纯随机抽样调查、机械抽样调查、类型抽样调查和整群抽样调查。

■ 全渠道收集大数据

在零售行业，渠道是其中的重要因素。渠道是否合适，对最终的销售业绩起着至关重要的作用。以移动互联网为依托，线上渠道已经有了多种形式。在这样的情况下，商家需要将不同渠道中所产生的数据进行整合，以便为经营决策提供依据。而大数据正是实现这一目的的有力工具。

一个完整的大数据生命周期包括数据获取和整合、数据分析和根据数据采取行动三个阶段。通常，一个购物流程共包括引流、转化、交易、交付、售后五个环节。在每个环节，用户都会产生一定的数据。而将这五个环节中所产生的数据进行整合，就能够完整分析用户的购买习惯和需求，从而完整用户画像。

除了要完整获取大数据信息外，还要保证数据的时效性。在互联网时代，用户的需求随时随地都在发生变化。商家只有能够迅速捕捉用户的实时需求，才能真正满足其需求。

■ 从多数据源收集大数据

为了保证所收集的数据的全面性，在收集大数据时，应该从多个数据源入手，多方面收集大数据。

数据源主要可以分为浏览器页面和客户端两方面。因此，要从这两个方面入手，采集大数据。

1．采集浏览器页面数据。主要包括浏览以及交互操作所产生的数据两项内容。数据采集完成后，需要立即发送到数据中心。或者，可以根据实际情况，将一些有关联的信息进行汇总后，发送到数据中心；页面日志在收集上来之后，需要在服务端进行一定的清晰和预处理。如清洗假流量数据、识别攻击、数据的正常补全、无效数据的剔除、数据格式化、数据隔离等。

2．采集客户端数据。通常，客户端所产生的数据具有高度的业务特征。因此，在采集客户端数据时，除了需要采集一些基础数据外，还需要按照不同的"事件"类型进行数据采集。如点击、登陆、操作等属于不同的事件，应该分类采集。

从不同的数据源采集到数据之后，还要将多个数据源的数据进行同步，以便综合分析、运用这些数据。

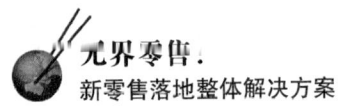

1. 直接数据源同步。指直接的连接业务数据库，通过规范的接口去读取目标数据库的数据。直接数据源同步的方式较为简单，但是，当数据源较多时，就会在一定程度上整体数据同步工作的效率。

2. 生成数据文件同步。指从数据源系统现生成数据文件，然后通过文件系统同步到目标数据库里。该方式适用于数据源分散的场景。在传输数据文件前后，需要做一定的验证，同时，还要将所传输的文件进行压缩加密，在保证数据安全的同时提升同步效率。

3. 数据库日志同步。指基于源数据库的日志文件进行同步。现在大多数数据库都支持生成数据日志文件，并且支持用数据日志文件来恢复数据。因此可以使用这个数据日志文件来进行增量同步。

■ 及时采集大数据

互联网时代，每分每秒都在产生着大量的数据，而这也意味着数据的更新换代也会不断加快。如果收集的数据不是最新的，那么就不具有代表意义。因此，我们要及时采集大数据，保证所采集数据的"新鲜度"。

第四节 数据分析：打通多种业务数据，为用户行为数据建模

大数据分析是大数据赋能新零售的一个重要环节。如果数据分析不

到位，不仅之前所做的大数据收集工作失去了意义，之后以数据分析结果为依据所做的所有工作，都将偏离了正确的方向。因此，为了保证大数据能够真正在新零售中发挥出作用，就要做好大数据分析工作。打通多种业务数据，为用户行为建模。

■ 了解大数据分析的五个基本方面

在进行大数据分析之前，我们首先要明确大数据分析的五个基本方面，即大数据分析实际上是在做什么。

第一，可视化分析。通常，大数据的使用者包括大数据分析专家和普通用户两种类型。而他们在使用大数据时，都有一个基本要求，即可视化分析。通过可视化分析，能够将大数据的各项特点直接呈现出来，非常简单明了，给使用者提供了便利。

第二，数据挖掘算法。数据挖掘算法是大数据分析的理论核心。正是因为各种大数据挖掘算法，才使得各项数据本身的特点能够清晰地展现出来，并深层次地挖掘出各项数据背后的价值。同时，数据挖掘算法还能够帮助企业快速处理各项数据，提升数据处理效率。

第三，预测性分析能力。大数据分析最重要的应用领域之一就是预测性分析，从大数据中挖掘出特点，通过科学地建立模型，之后便可以通过模型带入新的数据，从而预测未来的数据。

第四，语义引擎。大数据分析广泛应用于网络数据挖掘，可从用户的搜索关键词、标签关键词、或其他输入语义，分析，判断用户需求，从而实现更好的用户体验和广告匹配。

第五，数据质量和数据管理。大数据分析离不开数据质量和数据管理，高质量的数据和有效的数据管理，通过进行数据质量和数据管理，能够保证分析结果的真实和有价值，为企业的经营决策提供最准确的依据。

■ 找对大数据分析工具，才能做好数据分析

通常，需要分析的大数据主要有以下几种类型。

第一，交易数据。交易数据，指在交易过程中产生的数据。通常，大数据平台所获取的数据时间跨度大，数量众多。通过获得海量的数据并将这些数据进行分析，能够给企业提供非常直接的依据。其中，不仅仅包括POS或电子商务购物数据，还包括行为交易数据，例如Web服务器记录的互联网点击流数据日志。

第二，人为数据。非结构数据广泛存在于电子邮件、文档、图片、音频、视频，以及通过社交媒体产生的数据流。这些数据为使用文本分析功能进行分析提供了丰富的数据源泉。

第三，移动数据。在移动互联网时代，大量的数据都是通过移动电子设备产生的，这些数据被称为移动数据，包括APP内的交易数据，如搜索产品的记录事件、个人信息资料或状态报告事件，如地点变更即报告一个新的地理编码。

第四，机器和传感器数据。这包括功能设备创建或生成的数据，例如智能电表、智能温度控制器、工厂机器和连接互联网的家用电器。这些设备可以配置为与互联网络中的其他节点通信，还可以自动向中央服务器传输数据，这样就可以对数据进行分析。机器和传感器数据是来自新兴的物联网所产生的主要例子。企业在选择数据分析工具，数据分析

工具通常要达到以下要求（见图5-3）。

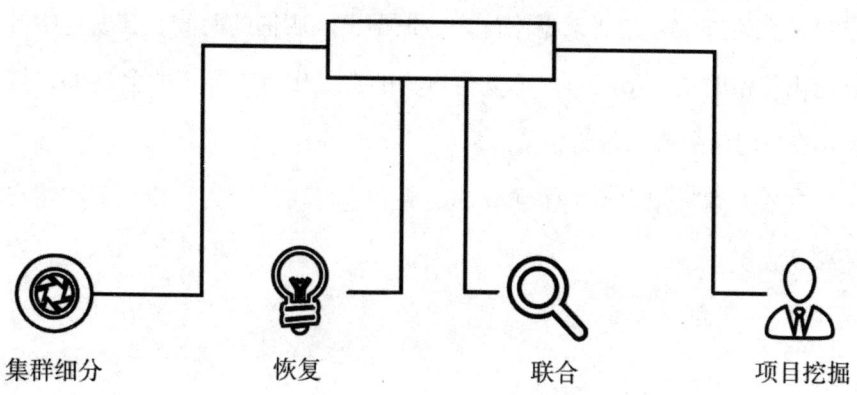

图5-3 数据分析工具应达到的要求

在选择数据分析工具时，要针对以上要求，选择合适的工具。

■ 利用分析工具打通各项业务数据

选择好合适的数据分析工具后，就要将各种业务数据打通，为用户的数据行为建模。

首先，关联多种业务数据，贯通多端行为数据。在这一过程中，又包括业务数据关联和行为数据贯通两个环节。

业务数据关联中，首先要关联轨迹数据，即部分摄像头位置与货架信息，如商品类别等；其次，还要关联支付行为，具体包括订单ID、商品ID与商品的库存信息、销量信息等；最后，关联行为数据与天气、门店等信息。

贯通行为数据。依据POS系统中记录的支付行为的时间戳，结合时间窗口内的摄像头采集的面部信息，打通用户的面部信息与支付行为。然后，将用户行为轨迹整合。将同一个用户在门店入口与出口、关键位

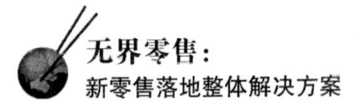

置的人脸识别记录串联起来，形成一次进店购物的完整轨迹；根据订单信息，在轨迹中补充货架浏览行为；根据出入店铺的时间，在轨迹中补充店内停留时长。最后，根据支付行为的会员ID和APP中的会员ID，打通APP与门店的购物行为。

其次，建立用户行为主题仓库。主题仓库可以分为用户浏览和用户消费两大类。

第五节　数据运用：大数据赋能零售业的七种方式

大数据作为新零售中的一个重要技术，对于打造新零售模式具有重要作用。作为从传统零售模式向新零售模式转变的商家，经历了建立数据平台、数据收集、数据整理、数据分析等多个环节，数据运用是最后一步。如果不能很好地将大数据运用在自己的经营活动中，那么之前所做的工作就失去了意义。因此，商家要掌握大数据在新零售方面的七种应用方式。

■ 方式一：细分用户群，为"定制"做准备

新零售要求以消费者为中心，根据其需求进行个性化定制。而大数据则在细分用户群，探求不同消费群体的需求方面具有重要作用，以便为个性化定制做准备。

利用大数据，可以分析消费者在市场需求、消费动机、消费行为以

及消费能力等方面的区别，运用大数据系统将全部的顾客划分为多个不同的消费群体，并针对不同的消费群体定制不同的经营策略。

将大数据运用在用户群细分工作上，可以使分析维度更加全面，采集到的数据更加具有实施性。同时，利用大数据算法进行细分模型建模，就可以从更多不同的维度划分用户群，使得划分出的用户群更加具体、同质性更高。除此之外，利用大数据进行用户群细分，计算速度比传统的计算方法更快，得出的结果更加"新鲜"，具有及时性。

■ 方式二：模拟实境，不断寻找新的需求点

模拟实境，即加入各种经营变量，模拟真实的经营情况，通过不断变换其中的变量，最终找出回报率最高的一种经营方式，投入实际经营。大数据在这一过程中发挥着非常重要的作用。

如今，大部分的商品，或者人们的各种生活以及消费活动，都可以以数据的形式被收集起来。大数据可以将这些数据进行整合，通过数据挖掘与监理模型模拟判断在不同的变量下哪一种方案对商家最有利。而最佳方案中的变量往往就是一个新的需求点。商家可以以此为依据开展经营活动。

■ 方式三：提高投入回报率

企业在实际经营活动中，通常是有的部门利用大数据能力强，而有的部门则相对较弱。如果两者相差悬殊，商家整体的利润仍然无法提升。因此，商家可以促进大数据在企业内部的整体运用与分享，提升整

个管理链条和产业链条的投入回报率。在全面使用大数据的情况下，最大限度地提升企业利润。

■ 方式四：维护用户关系，增加用户粘性

大数据的另一个重要应用，表现在用户关系的维护方面。利用大数据，可以根据用户的自然属性和行为属性，从不同的维度深度分析、了解用户，在与他们的良性互动中维护用户关系，提升用户的忠诚度，降低用户流失率，增加用户的粘性。

同时，还可以利用大数据不断挖掘新用户，实现线上引流，扩大影响力。

■ 方式五：个性化、精准化推送内容

日常生活中，几乎每个人都收到一些商家的推送广告信息。但是，这些信息往往不是我们需要的，于是就会将这些信息视为垃圾信息，看都不看就马上删掉。一旦出现这样的情况，不但商家会引起用户的反感，其为这样的营销活动付出的成本和精力也全部成为了无用功。而如果能够将大数据运用在这些环节当中，就可以实现个性化、精准化的推送。

利用大数据，可以分析每个用户的喜好，并通过关联算法、文本摘要抽取、情感分析等智能分析算法后，就可以将其延伸到商用化服务，利用大数据挖掘技术准确判断用户需求，从而为其推荐他们需要的内容。这样，不仅可以让营销推荐更加具有实质性的效果，还可以为用户提供他们想要知道的内容，提升对品牌的好感度，进而做出购买行为。

■ 方式六：数据搜索，赋能实时广告业务与移动广告社交服务

数据搜索是大数据在新零售中的另一个应用方向。通过大数据进行实时性、全面范围的搜索，可以将用户行为数据这些信息与广告联系起来，开展实时广告业务以及应用内移动广告的社交服务。

■ 方式七：数据存储空间出租

实际上，不论是企业还是个人，我们生活中所进行的任何活动，几乎都可以用数据的形式记录下来。而这些被记录下来的数据，往往对我们之后的行为有着非常重要的指导作用。因此，要将这些数据信息进行妥善保留存储，以便进一步挖掘其潜在的价值。基于这样的情况，就可以将大数据技术应用于数据存储空间出租方面。

根据对象不同，这一应用又可以分为面向企业和面向消费者两个类型。

通过易于使用的精准位置指示器，用户可以将需要存储的数据信息放在云端，然后再像水、电一样按量收费。目前，亚马逊、网易等都推出了这项业务。

大数据在新零售中具有举足轻重的位置。而要想真正让大数据发挥出它的作用，就要学会在实际经营活动中运用它。只有了解它的用途，并全面掌握，才能让大数据真正赋能新零售，为打造新零售做出贡献。

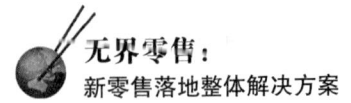

第六节 看Target、ZARA和亚马逊如何玩转大数据

大数据在打造新零售方面具有重要的作用与广泛的应用。很多企业在打造新零售时，正是因为充分利用了大数据，才使得新零售的开展取得了非常可观的成绩。其中，Target和ZARA就是两个玩转大数据的"行家"。

■ Target：利用大数据制定针对性营销方案

Target，是美国第二大超市。在美国分布广泛，市场占有率高。但是，即使如此，美国的孕妇往往不会到Target超市购买母婴用品，而是到专门的孕妇商店购买。实际上，孕妇对于零售商来说是一个含金量非常高的群体。他们购买量强，购买需求大，且通常会保持持续的购买行为。针对这样的情况，Target充分利用了大数据进行零售赋能。

经过市场调查发现，当提到Target时，顾客往往会想到清洁用品、袜子、手纸、洗护用品等日常生活用品。Target给人一种商品种类齐全的感觉。但是，却不会有人将Target与"孕妇专用"联系在一起。这就使得当孕妇有购物需求时，常常选择专业的孕妇商店而不是Target的原因。

为解决这一问题，Target根据顾客的购买情况，建立了一个大数据模型。如果顾客中有人怀孕，那么在孕妇的第二个妊娠期就可以将这些顾客锁定，并开始为这些孕妇顾客量身定做营销优惠广告。

为了能够准确地判断顾客是否怀孕，Target利用公司已有的一个名为"baby shower"的登记表，对登记表中各个顾客的消费数据进行建模分析。通过建模分析，Target逐渐发现了一些规律。例如，很多孕妇顾客都会选择在第二个妊娠期就开始购买大量的大包装的无香味护手霜；并且，在怀孕的前20周，孕妇通常会购买大量的保健品以补充钙、锌、镁等元素。

最终，Target根据得出的这些规律，从自家超市经营的产品中筛选出了25种典型商品的消费数据构建了"怀孕预测指数"。通过分析怀孕预测指数，可以准确预测顾客是否怀孕，以便在顾客怀孕之初就将母婴产品的营销广告发送到顾客的手中，占得市场先机。并且，为了避免让顾客产生隐私权被侵犯的感觉，Target选择将母婴用品的优惠信息夹杂在其他与怀孕无关的商品广告信息中，在顾客无意之中向他们进行营销推广。

通过将大数据引入到零售中，Target准确预测了顾客是否怀孕，并提早进行针对性营销。通过利用大数据，使得Target的孕期用品销售出现了爆炸性的增长。在针对孕妇群体的大数据营销取得成功后，Target又将大数据逐渐运用在了其他顾客群体中，同样取得了非常好的效果。

■ ZARA：利用大数据精准分析顾客需求

ZARA作为一个快时尚品牌，受到了广大年轻消费群体的喜爱。通过市场对比可以发现，ZARA的平均商品价格只有LVHM（Louis Vuitton

Moët Hennessy，奢侈品牌）的四分之一，但是，每年ZARA的毛利率却能够比LVHM高出23%~26%。究其原因，就是因为ZARA在经营过程中引入了大数据技术。利用大数据精准分析顾客的需求，做到了"对症下药"。

1. 线下捕捉顾客需求。ZARA在每个门店中，都装设了摄影机。这些摄影机遍布柜台以及门店的各个角落。通过捕捉顾客在购物过程中的每个细小动作，来分析他们的购物需求。

例如，当顾客在购物过程中，表现出的对颜色的喜好、拉链款式的偏好以及扣子的大小款式等的意见，摄像机都会全部捕捉到。通过摄像机捕捉到的这些资讯，会被及时传送到ZARA内部全球资讯网络当中。并且，这些资讯会每天分多次传送给总部的设计人员。设计人员根据顾客的喜好，迅速做出决策，改变设计中的细节，并传送到生产线。

每天营业结束后，ZARA要求营业员对当天的销售情况以及退换货情况进行统计，撰写成为分析报告，并将数据上传到公司的仓储系统当中。

2. 线上收集数据。要想充分利用大数据，必然离不开线上的加持。而ZARA在使用大数据时，同样利用了线上收集消费数据。ZARA在多个国家的经营中成立了网上商店。通过建设网络平台，ZARA不仅可以增加线上销售的收入，还增加了收集销售数据的渠道，同时，也为消费者提供了更加及时、准确的时尚信息，不论是企业自身还是消费者，都能够享受大数据带来的便利。

由于网上店铺的顾客通常比线下实体店的顾客更加具有时尚敏锐性，对于服饰的见解与喜好更加具有代表性。因此，ZARA将通过网上店铺收集到的信息作为线下实体店的前侧指标。

通过收集各种经营数据，并将这些数据进行准确分析，ZARA在产品设计、生产、营销乃至客户服务方面都有了很大的改进。根据这些巨量资料，形成各部门的KPI，完成ZARA内部的垂直整合主轴。

3. ZARA之所以能够利用大数据不断突破自身的经营局限，精准分析出顾客的需求，就是因为其总是能够对大数据进行快速的处理、修正和执行。

大数据最重要的功能就是缩短生产时间，让生产端依照顾客的意见，在第一时间修正，及时满足顾客的各种需求。ZARA的供应链中，从大阪到出货，仅仅需要两周的时间，并且，其几乎一半的生产设计工作都在西班牙国内，大大缩短了沟通时间以及成本。正是因为ZARA这样的设置，使其能够对大数据进行快速的处理、修正和执行，最快地满足顾客的需求。

■ 亚马逊：建立"需求方平台"满足商家与消费者的双向需求

亚马逊利用大数据建立了"需求方平台"。广告上可以在这一网络平台上发布广告信息，同时，顾客也能在这一平台上获取需要的信息。

亚马逊通过将用户网络行为所做的通用分类，如热衷时尚、喜爱电子产品等，以及收集用户的商品搜索记录，将用户的购买行为整理成大数据，为广告商的营销活动提供依据。

第六章
社交赋能：用社群吸引力聚合用户，提高销售转化率

　　随着互联网的兴起，各种社交媒体充斥着人们的生活。人们似乎更加喜欢寻找与自己有共同点的人群。基于这样的前提，新零售在营销方面提倡社交化营销。利用一些具有某些共同点的社群，将其作为营销重点。通过寻找品牌与用户之间的联系，增加用户对于品牌的好感。同时，社群成员之间的相互影响，也是促进购买行为的关键。打造新零售，学会用社交赋能是重中之重。充分利用社区吸引力聚合用户，才能提高销售转化率。

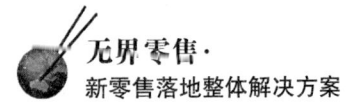

第一节 感受品牌温度、刺激产品销售、维护用户粘性

所有的营销活动，都是"社会化"的。同时，任何营销活动，都是基于人际关系展开的。进行社交化营销的过程中，需要线上与线下充分结合。而社交化营销最重要的作用，就是可以让用户最大限度地接触到品牌以及品牌传递出的情感，让其感受到品牌的温度。同时，可以刺激产品销售。并且，在维护社群的过程中，就可以实现引流，以及用户粘性的维护。

通过为品牌注入情感，让用户感受品牌的温度，能够提升用户对产品的好感度，促使用户购买产品，以提升用户销量。同时，在用户与品牌之间建立情感连接，能够有效提升用户粘性。

2018年春节之际，腾讯应用宝打造了一场成功的社交营销。当用户打开APP进入活动页面后，就会看到七只狗：单身狗、剁手狗、学渣狗、死宅狗、加班狗、佛系狗、"假"狗（见图6-1，下一页）。当用户看到这一界面时，会感觉非常新奇，同时也迎合了当下年轻人针对自身情况的自嘲说法。

第六章　社交赋能：用社群吸引力聚合用户，提高销售转化率

图6-1　腾讯应用宝界面

该界面通过漫画的形式展现。每个人可以根据自身情况，选择一种"狗"。例如，当用户选择加班狗时，点击，便会出现来自亲戚的"碎碎念"。已经在实际生活中厌倦了这一场景的用户，看到这一幕，毫无疑问会感到非常崩溃。

但是，当用户继续往下滑，则会看到腾讯应用宝推荐的融360、美团、大众点评、58同城软件（见图6-2，下一页）。这些软件的功能能够完美解决"加班狗"当前的困境。因此，使得用户自觉点击它们。这也就无形中达到了营销的目的。

图6-2 腾讯应用宝推荐APP页面

腾讯应用宝根据不同的人群，推荐不同功能的软件。利用漫画寻找到具有相同特点的用户群，在针对不同的用户群，进行精准营销，营销效果惊人。

腾讯应用宝的社交营销案例，主要有以下几个特点：

1. 利用漫画迅速找到具有相同特点的用户群。腾讯应用宝所推出的漫画中的"七种狗"，一方面迎合了当前年轻化用户群体的社交方式，另一个重要的作用，就是迅速找到具有相同特点的用户群。当用户根据自身情况点击相应的"狗"时，便找到了与自己具有相同情感诉求的用户群。

2. 针对不同的用户群实施精准营销。不同的用户群所具有情感诉求不同。当用户点击进入页面后，腾讯应用宝首先用一些特定的场景引起用户的共鸣，然后再有针对性地推荐APP，使营销内容无限符合用户当下的心理诉求与需求，做到了精准营销。

3. 场景社交化玩法引起共鸣。漫画这一题材是很多年轻用户的"童年回忆"，可以在短时间内引起用户的兴趣。而当用户若有所思地选择了"单身狗"以后，页面跳转到漫画场景，随后又转到了某个交友软件，例如"友缘"，而当用户选择"剁手狗"页面又会自动跳转到"唯品会""苏宁易购"等页面，在精准的狗年场景下私人定制般满足不同人的需求。

4. 刺激利益，带动流量增长。当用户根据推荐下载完相关的应用后，腾讯应用宝会给用户派发一定的红包。红包不仅仅是一种利益刺激，还能够促使用户的分享行为。以此引流，带动流量增长。

总体来说，社交营销对于提升品牌知名度与好感度，促进购买行为具有重要作用。在新零售方面，社交营销主要有以下几个作用。

■ 建立情感连接，感受品牌品牌温度

随着人们生活水平的提高，消费者已经不满足于以往的高质量。在保证产品质量的前提下，他们往往还看中品牌传递出的情感与温度。当一个品牌成为一定的情感符号，与消费者成功建立情感连接后，则可以迅速拉近品牌与消费者之间的距离，他们也更加愿意购买这类产品。

但是，品牌的建立是一个长期的过程，其塑造的形象以及传递的思

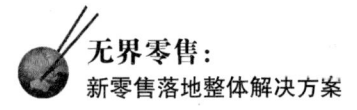

想与情感,必须广泛被大众接受,并长期认同。

在社交营销过程中,通过将一些具有相同点的用户组建为一个社群,用户在其中受到情绪感染,则能够迅速引发其共鸣。通过社群形态,商家可以在社群内部,向用户直接展示产品自身鲜明的个性和情感特征,让用户感受到品牌的温度,建立两者之间的情感连接,拉近双方的距离。而这,也是成功营销的开始。

■ 提升购买欲,刺激产品销售

实际生活中,我们可以发现,当一个人处于一个社群当中时,往往比个人独处时更加容易做出购买行为。"大家都买,我也买吧。"这也在一定程度上展现了人的从众心理。总体来说,不论是基于兴趣的学习型社群,还是基于个人目的的运动塑身群,通过共同的价值观,以及每天的社群营销活动感染,能够激发人们的购买冲动。

当商家通过社群发布产品信息,或者发起购买产品的号召时,社群成员往往会积极购买。

■ 加强品牌与用户的链接,维护用户粘性

通过建立社群,能够"圈住"用户,让其更加深度地参与到产品的反馈升级以及产品推广过程中。

新兴起的"社群团购"模式,正在成为新零售的一种新模式。

社群团购以社区为中心,以微信群为主要服务窗口。通过在团购群里推举团长,再由团长在微信群里组织销售,由平台提供供应链、仓储物流以及售后服务。社群团购将一个社区范围内的线下用户迅速聚集，不仅有利于商品的针对性销售，还可以通过社群成员之间的口口相传迅速提升口碑。

2017年成立的俺村宝贝，立志做生鲜界的小米，坚持做感动人心、价格厚道的产品。俺村宝贝采用社群团购的形式，将上万个家庭联系起来，建立了多个社群，并选择了上百名名誉村长，即社区群主。

俺村宝贝拥有30多名采购体验官，负责在全国农村寻找绿色化、生态化的农产品。事实上，即使在同样的城市区域所生产的同一种水果，由于土地和位置不同，其口感也会存在巨大差别。但是，在以往，果农的水果销售渠道只有批发商这一条。但是，批发商往往只注重水果的外在大小，却并不注重其口感。如此，不仅果农只能将不同口感的水果一起卖给批发商，顾客最终买到的水果质量也参差不齐。俺村宝贝的采购体验官则可以改变这样的情况，亲自寻找不同食材，并将其品牌化。

在俺村宝贝的社群团购平台，往往只推单品爆款，并通过预售——发售——拼团的新零售模式销售。并且，销售实行限量下达，配送直达的形式。

通过用户引流以及用户维护，可以加强品牌与用户的链接，维护用户粘性，达到长期经营的目的。

第二节　寻找具有一个共同点的用户群

要想做好社交营销，首先要找对营销对象。而社交营销的对象，就

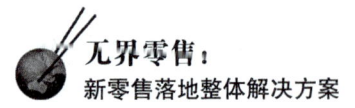

是企业的目标用户群。对用户群进行针对性营销,可以起到事半功倍的效果。如果营销对象不合适,即使之后做再多的营销工作,营销对象不需要、不买账,营销仍然没有效果。因此,在打造社交营销时,首先要寻找一个具有共同特点的用户群。当寻找到目标用户群后,就可以针对该目标用户群进行精准营销,大大提升营销效果。

■ 明确企业定位是寻找用户群的第一步

不同用户所偏好的产品类型有明显不同,同样的,不同类型的企业其用户群也有明显不同。因此,企业要想精准地找到自己的目标用户群,首先要明确自身的定位。可以说,明确企业定位是寻找目标用户群的第一步。

第一步,明确企业在行业中的位置和影响力。通常,一个企业在行业中的定位可以分为三种不同的类型(见图6-3)。

图6-3 企业在行业中的定位类型

企业要根据自身的实力,判断在行业中所处的位置。

方太作为一个著名的厨电品牌,一经面世,就率先确定了自身企业的市场定位。根据企业经营策略,方太根据自身在行业中的位置,将自身定位为了"高端厨电领导者"。如此,不仅将自身划分到了高端厨电的行列中，有利于确定目标用户群。同时，"领导者"的地位，更有利于其提升市场竞争力。

第二步，明确企业的核心优势。在进行企业定位时，企业的核心优势是需要考虑的第二大问题。在这一过程中，企业需要综合分析自身的实力，确定自身的核心优势是在技术、规模、研发能力、营销，还是商业模式上。企业的核心优势不同，其定位存在明显区别。

苹果公司作为一家高科技公司，其核心优势不在于创新，而在于其生态链规模。苹果公司之所以能够取得巨大的成功，与其明确自身的核心优势是分不开的。

苹果公司所推出的产品，往往不是某项技术的"先行者"，但是，却能够将其他公司率先发明的产品进行优化，做到精益求精，从而给用户提供极致的体验。同时，苹果公司的生态链规模庞大，其设备全球激活数量超过10亿，并且，其客户的消费能力普遍偏高。

正是由于苹果公司非常清楚自身的核心优势，并在经营过程中将这一核心优势发挥到最大限度，才使得其能够持续占据行业领导者的地位。

第三步，评估企业获得长足发展的要素。在明确了自身的行业定位与核心优势后，企业就要全面、准确地评估能够使自己获得长足发展的要素是什么，即企业要做什么、说什么、怎样说、具备哪些要素等，才能够使自己区别于其他竞争者和跟随者。

以上述案例方太为例，其将自身定位为"高端厨电领导者"，那么在之后的经营过程中，其所生产的产品不论在质量和价格方面，都要高于平均水平，其所确定的目标用户群体也应属于高消费群体。当确定了这些要素后，则能够发展地更加长远。

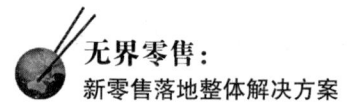

■ 初步判别和确认目标用户群体

当企业明确了自身的定位后，就要对目标用户群体进行初步确定，也就是确定要把产品卖给"谁"。在初步确定目标客户群体时，必须关注企业的战略目标，它包括两个方面的内容。

其一，寻找企业品牌需要特别针对的具有共同需求和偏好的消费群体。其二，寻找能够达到企业预期销售目标的利益群体。

在寻找目标用户群时，首先，可以通过分析用户的地域、年龄、收入水平、消费记录等，将大范围的用户群进行细分，并筛选掉不适合企业销售要求的消费群体。其次，对可能满足企业销售要求的消费群体，进行多维度分解，分解的维度主要有以下几种（见图6-4）。

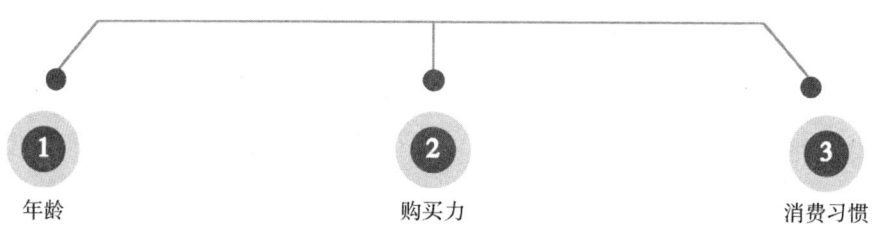

图6-4　用户群分解维度

通过这样的进一步分解，可以大致判断适合企业的消费群体。

■ 分析用户群消费需求

定义了目标客户群体，企业下一个目标就是明确向该目标客户群体提供怎样的产品价值，为此，企业需要从多个角度了解消费者对产品的不同需求。

首先,将地理分析、人口统计、消费心理研究、消费行为研究以及消费需求研究等不同变量下的分析结果进行统计,全面、准确地定义目标用户群体的消费需求。

其次,深入目标用户群体,进行用户调查。在这一过程中,可以采用调查问卷、座谈会、家庭访问、训练营等多种不同的形式进行,以求获得最全面、最客观的调查结果。

最后,除了要了解消费者对于产品功能方面的需求外,还需要了解消费者所预期的购物体验、个性需求以及其个人的消费心理优越感等内容,保证企业能够最大限度地满足用户的消费需求。

例如,可口可乐通过分析用户的个性化需求与社交心理,曾经举办了一场#Share Coke营销活动,用户可以在可口可乐的瓶身上刻字,定制自己的个性化可乐瓶,或者是与同名的朋友分享。如此,既满足了消费者消费需求,同时,还加强了品牌与用户的互动。

分析过程中,可以使用以下两种方式进行分析工作。

第一种,二次细分。首先通过综合定性判别结合小规模的客户调查或经销商访谈,丰富已经初步确定的战略目标客户群体分解标准。然后,对总体目标客户群体(见图6-5)进行排序。

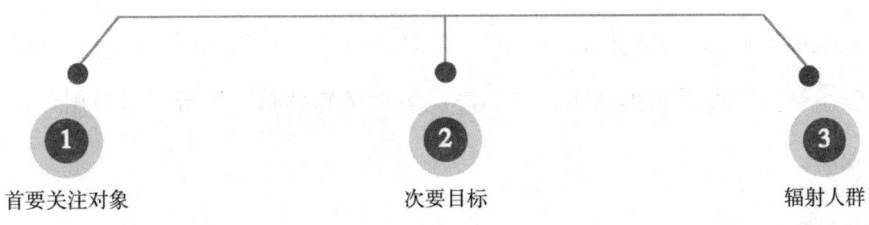

图6-5 总体目标客户群体

其中,首要关注对象是指在总体目标客户群体中,有最高消费潜力的那部分消费者;次要目标是指与企业战略目标有分歧的但能为产品创造重要销售机会的消费者;辐射人群是指处于总体目标客户群体内购买欲望最弱的那部分群体,但他们可以被企业的营销手段影响而形成偶然购买甚至最终成为固定购买群体。

第二种,动态调整。指当用户使用产品一段时间后,根据不同用户反馈,对目标用户群进行适当的调整。虽然企业在之前定位了目标用户群,但是,预测并不是完全准确的。有些预期的目标用户可能并不喜欢你的产品,而有些不在预期目标用户群中的消费者反而对你的产品表现出了一定的兴趣,这时,就要调整目标用户群,获取真正的用户。

第三节 打造"有情绪的产品",拉近产品与用户的距离

社交营销的成功打造,离不开流量。如今,随着各行各业的商品形态逐渐趋于饱和,导致商品逐渐出现了标准化、同质化的现象。在这样的情况下,如果让自己的产品在众多的同类竞品中脱颖而出,则要求企业在保证产品质量的同时,在产品中注入更多的"情绪"。通过给产品赋予情感,能够更加便于用户与产品发生情感共鸣,拉近产品与用户的距离。

■ 注入"有情绪的内容",让用户形成社交化决策

随着人们生活水平的提高,消费者的消费趋势也在不断发生着变

化。以往，消费者的消费趋向是"需求型购买"，即有需要才会发生购买行为；而现在消费者的消费趋势已经逐渐转向了"喜好型购买"。即并不只是购买自己需要的，"喜不喜欢"，逐渐成为了决定消费者是否发生购买行为的关键。在这样的情况下，社交新零售要求企业从产品型企业向内容型企业转变，为自己的产品注入"有情绪的内容"，将同质化的产品通过差异化的内容与竞品区别开，用特有的内容触动特定人群的痛点。

江小白作为一个著名的白酒品牌，为了与顾客产生情感共鸣，给自己的产品注入了文艺式的内容（见图6-6）。

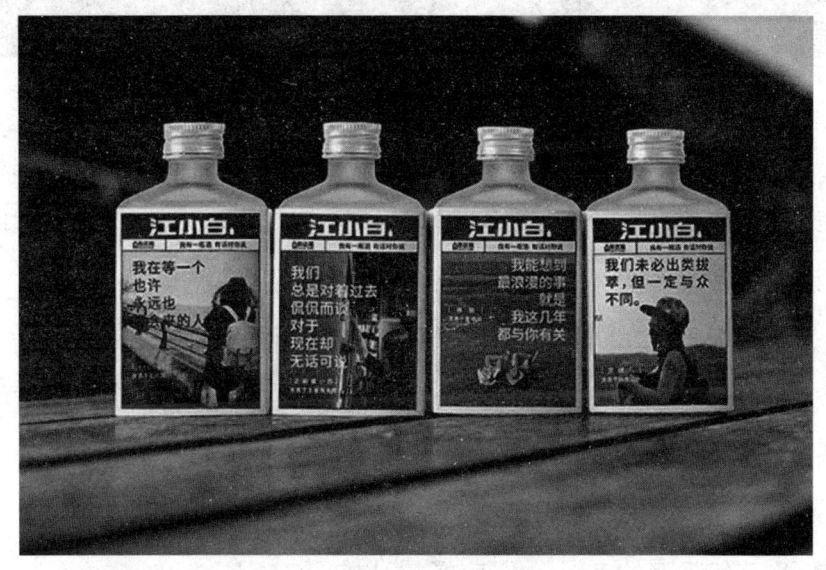

图6-6 江小白文案

通过给产品附加这样"有情绪的文案"，可以迅速让顾客产生共鸣，拉近产品与顾客的距离。例如，上图中最右边的文案"我们未必出类拔萃，但一定与众不同"，这一文案恰好符合了时下年轻人的一种情感诉求。当前，年轻人追求个性，渴望实现自身的价值。而当江小白的这一文案满足了年轻消费群体的情感诉求时，消费者就会对江小白产生好感，进而购买其产品。

而为了区别于竞品，同为白酒品牌的红星二锅头，也为自己的产品注入了与江小白风格迥异的"有情绪的内容"（见图6-7）。

图6-7　红星二锅头文案

红星二锅头给自己的产品注入的情绪化内容，与江小白的文艺相比，更加热烈、坚韧，而这样的内容，则会引起一些"青春不屈"式的消费者的青睐。

总体来说，给产品注入"有情绪的内容"，实际上是赋予了产品一种社会意识、一种生活标签、一种精神特点。而当该内容引起消费者的共鸣，形成内容与消费者的互动时，便形成了社交化的购买决策。

■ 用"有情绪的产品"促成场景化购买

新零售模式下，强调场景消费的重要性。同样的，在打造社交营销的过程中，也要依托场景，用"有情绪的产品"促成消费者的场景化购买。

如今，消费者对于产品的要求，早已不再是满足使用需求这么简单，转而已经升级为用产品填充生活场景的消费模式。要想成功打造社交化营销，就要给产品注入情绪，加入场景，让消费者看到你的产品，就会在自己的脑中构建出一个生活场景。这样，消费者就会自动购买你的产品。

当面膜大战来临，各种补水、各种功效、各种玻尿酸为眼花缭乱的护肤加持开光时，"美即面膜"正式利用"有情绪的产品"，促成了场景化购买，进而让自己在面膜市场上占有一席之地。

美即面膜的宣传语为"这一刻，停下来，享受美丽！"美即面膜通过这一宣传语构建出的消费场景，恰好符合其目标消费群体——都市白领的心理诉求。都市白领生活节奏快，工作压力大，往往没有时间保养自己的皮肤，因此，对于能够放下手中的工作，停下忙碌的脚步休息一下是非常渴望的。当美即面膜所传递的情绪与构建的场景符合其心理诉求时，其便会主动购买产品。

从上述案例中可以看出，一个"有情绪的产品"，是能够用其表达出的情绪，针对少数目标用户群的某个点，聚焦打透，用"情绪力"为消费者构建出一个符合其心理诉求的消费场景。在保证产品质量的前提下，还要让我们的产品代表一种生活态度、一种生活方式。并且，围绕这一场景，利用视觉审美、触觉感知、细节体验等影响消费者的思想，撬动他们的情绪，促成他们的购买行为。

■ 用"有情绪的气氛"提供社群化服务

新零售模式更加强调服务的重要性，而高质量的社群化服务，也是保证社群营销能够持续发挥作用的关键点。

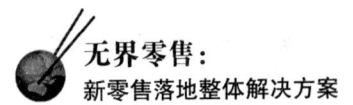

如今,简单的发送企业官方消息,以及"传销式"中心化洗脑的封闭模式的社群已经不再符合消费者的爱好,消费者更加注重在社群中的体验。例如,良好的产品型社群,可以让用户粉丝感受到品牌温度,在社群中自由、充分地发表自己的意见,共同建设社群,与企业共同成长,是社群营销过程中应该做到的一个重要方面。其中,应包括服务中心、吐槽留言、知识传递、会员活动、分布式管理等具体内容。

一个优秀的社区能够成为品牌的加分项,提升复购率。而维护一个客户的成本,要远远低于开发一个新客户的成本,因此,社群应该重点做好售后服务,以售后为切入点,进行再次营销,从而产生购买。

第四节　利用口碑传播引发群蜂效应

社群商业,在很大程度上是"人的商业",在这一商业模式下,商品和用户之间的关系不再仅仅是商品功能方面的连接,还包括诸如口碑在内的等主观性的因素。口碑能够帮助商品和用户之间建立信任关系,这也是新零售营销模式中的重要一环。通过在商品和用户之间建立信任连接,能够让一群具有相同爱好、认知以及价值观的用户聚合在一起,引发群蜂效应。当社群中的用户在相互的互动、交流、感染的过程中,可以实现对产品的反哺的价值关系。

在社交营销过程中,用户是其中的关键。社交营销正是利用社群用户之间的相互分享、传播,才实现了新用户的增长。因此,在利用口碑传播引发群蜂效应的过程中,首先要让用户主动分享产品,从而形成口碑传播。而要想让用户主动分享，通常可以从以下几个方面入手。

■ 利益驱动

利益驱动，指通过利己、利他或者两者兼顾的方式鼓励用户主动分享产品的方式。新零售模式中，利益驱动中的利益可以表现为以下几种形式（见图6-8）。

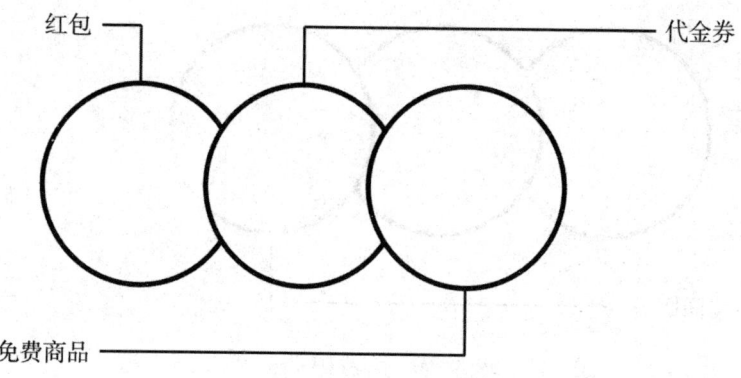

图6-8 利益驱动形式

饿了么作为一个外卖平台，正是通过红包、代金券的形式，实现了用户的主动分享。

当用户点餐下单之后，界面会自动跳转到，出现分享给好友可以获得红包或者代金券的界面。当用户选择分享之后，不仅用户自己可以获得代金券，被分享的人同样可以获得一定额度的红包或者代金券。而当被分享的人获得红包或者代金券的时候，会因为是好友分享而更加信任饿了么，同时，往往也会以为既得利益而主动下载饿了么APP，最终成为饿了么的新用户。这样，饿了么便完成了新用户的引流工作，不仅增加了老用户的粘性，还迅速提升了新用户的数量。

■ 情感驱动

情感驱动。指用户在分享本身和分享后所得到的反馈中所产生的情绪或者情感方面的满足感。情感驱动主要包括以下几个方面的内容（见图6-9）。

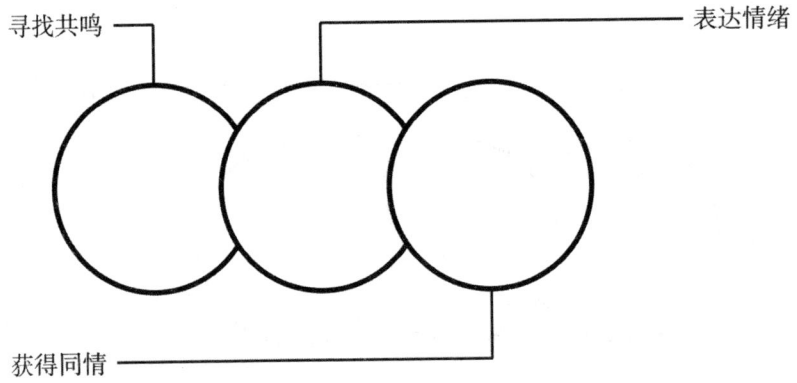

图6-9　情感驱动形式

由于现代人的生活、工作压力非常大，往往需要一个情绪的发泄出口，同时，大部分用户希望从社群的反馈中获得某种情感的满足，因此，看似利益驱动对促使用户主动分享方面的作用非常大，但是，实际上，情感驱动才是促使用户主动分享的重点。

例如，当一个人在一家高档餐厅就餐时，面对优雅的就餐环境和精致的菜品，往往会主动拍照转发到朋友圈。而之所以会出现这样的情况，是因为转发该信息能够满足用户炫耀的心理。

在打造社交零售的过程中，要想通过情感驱动让用户主动分享，就要在运营时遵循以下公式：

1. 心理价值＝情感收益－付出

2. 心理价值＞社群成本，用户愿意主动分享

3. 心理价值＜社群成本，用户不愿意分享

在这一过程中，商家需要准确了解到目标用户群的心理诉求，以及让用户发泄情绪，满足他们情感诉求的具体实现方式。当我们的产品能够在很大程度上满足用户的情感诉求，就能够促使用户主动转发、分享，这也是新零售时代口碑传播的一种新形式。

■ 精神驱动

精神驱动，指通过让用户分享精神层面内容，使其获得满足感和愉悦感。精神驱动主要指让用户获得个人满足、他人认同以及在他人眼中树立良好形象等。在利用精神驱动促使用户主动分享你的产品时，要遵循以下公式：

1. 心理价值＝精神收益—付出

2. 心理价值＞社群成本，用户愿意主动分享

3. 心理价值＜社群成本，用户不愿意分享

商家要想真正运用好精神驱动，首先要了解目标用户群对于精神方面的需求，以及满足其精神需求的具体方法和途径。不论在产品设计还是营销方式上，都要尽量迎合用户的精神诉求，以便让他们能够自觉分享。

欧莱雅将消费者定位都市白领女性，这部分的年轻女性通常在经济上独立，注重外表。并且，中国女性普遍以白为美。美白的肌肤能够让一名女性拥有自信，从而获得他人的赞美和尊重，得到精神上的满足。针对这一点，欧莱雅推出了一款焕肤产品，专门满足对于美白具有强烈

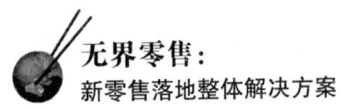

需求的中国女性,其定位正是满足了该消费群体的精神需求。

第五节 深度运营用户社群,将用户转化为品牌资产

新零售的社交营销中,寻找目标用户群、搭建营销平台、引发传播效应等都是其中的重要步骤。但是,做好前几个步骤的工作后,还需要对社群进行深度运营,这也是保证营销效果、将用户转化为品牌资产的最后一步。新零售模式下,通过社群化运营,零售商能够快速吸引更多用户,不仅可以解决获取、留存用户的成本不断增加的问题,还可以借助社群经济模式逐渐提升企业的整体运营效率和销售转化率。

■ 把握社群用户之间的情感,提升忠诚度

社群的深度运营,实际上是对社群用户的运营。而对社群用户的运营,其关键点则是对用户之间情感的把握,通过让用户与用户之间、用户与社群之间产生情感,能够加强用户对社群的粘性,从而提升其忠诚度。而当用户有较高的忠诚度时,这一社群的生存周转时间就会拉长。

1. 仪式感。仪式感是增加用户情感连接的首要方式。生活需要仪式感,当用户能够在社群中感到仪式感时,往往会提升其对社群的好感度。对于不同阶段的用户,增加其仪式感的意义不同。

对于新进用户,通过增加其仪式感,可以让其感受到社群以及其他成员对他的重视以及热情程度;对于老用户而言,仪式感能够加强社群

在他心中的重要程度。对于社群本身而言，如果能够让一些可以增加仪式感的活动形成惯例的话，则可以有效活跃组织氛围，打造良好的社群环境。

2. 参与感。提升用户的参与感，能够让用户更好地融入社群。这里的参与感，除了表面意义上的让用户参与到社群活动当中，还包括培养用户的主人翁意识。可以让用户深度参与社群活动，对于产品设计、业务流程，用户都可以提出自己的意见。如此，不仅可以增加用户的主人翁意识，还可以让我们的产品变得更好，业务流程更加完善。

例如，某品牌在设计产品时，除了遵循设计师的设计创意外，还经常通过官方微博、微信公众号等寻求现有用户、粉丝的意见。对于提出的具有建设性、实际性的意见，则会融入到产品设计当中。如此，不仅增加了用户的设计感，还保证了设计出的产品高度符合用户需求。当产品投入市场后，则会受到用户的广泛欢迎。

同时，对于不同阶段的用户，要采用不同的方法，以实现精准运营。特别是对于核心用户，要做好用户关怀，抓牢他们的参与感。例如，可以不定期邀请这些人来企业内部参观，与品牌内部人群接触探讨分享，增强品牌认可度的同时，提高参与感。也可让他们在群内分享所学所得，增强曝光度，打造自身IP。

3. 归属感。任何社群都需要归属感。所谓归属感，就是让用户在社群得到远远超出他的预期的东西，从而让其感受到幸福和满足。当用户在社群的归属感强烈时，对社群的忠诚度自然会有所提升。

为增加用户的归属感，我们在运营社群时，可以为其持续地输出干货知识，举办各种类型的有意义的活动，鼓励用户积极参与，在这一过程中让用户感受到成就感和参与感。同时，社群成员之间的相互协作，也可以促进成员之间的相互了解，增加用户之间的感情，让其潜移默化地融入到社群组织当中来。对于运营者而言，当用户觉得离开这个社群所需要的成本很高时，那么就成功了。

■ 提升社群活跃度

提升社群活跃度社群运营的一个关键环节。如果一个社群失去了活跃度，沦为一个"死群"，即用户在其中没有互动，没有交流，没有反应。这样的社群对于企业已经无法产生实际的作用，没有存在的必要。因此，深度运营社群，就要想方设法提升社群的活跃度。

为了有效提升社群活跃度，可以鼓励用户产生UGC（User Generated Content用户生成内容）内容，或者在群里主动分享相关内容，让用户尽可能多地发表自己的意见，并加强用户之间的互动交流。

1. 设置鼓励机制。即针对用户的积极表现进行一定的鼓励。当用户积极分享一些信息时，社群要积极并且及时地给予反馈，并且，用一定的积分或者奖品等形式奖励用户，以鼓励用户保持这种状态。

虾米音乐早期的社群成员基本上都是内部员工，在运营该社群时，为鼓励社群成员积极互动，其高管会在用户发表意见之后，在尽可能短的时间内给其点赞、评论，通过这样的鼓励机制让用户保持这样的积极状态。

2. 加强用户关联性和引导性。用户往往会对与自己相关的内容更加感兴趣，因此，在运营社群时，要加强用户的关联性和引导性，为用户提供与他们相关的内容。

社群输出的内容要有针对性，切合用户的需求。首先，对全部的用户进行用户画像，按照一定的依据将用户进行分类。然后，在推出产品时，在各个层面加以引导。例如，当用户打开APP，应该将"发送内容"按钮放在最显眼的位置，时刻提醒用户发表自己的意见，引导其在社群中发言。

3. 营造分享的氛围。社群的整体氛围很重要。如果大家都处在一个乐于分享的氛围中，就会带动更多的用户积极参与到社群活动当中。而如果整个社群的氛围非常沉闷，那么即使有发言欲望的用户也会在社群中变得沉默寡言。因此，在深度运营社群的过程中，要在社群中营造出乐于分享的氛围，不断制造新话题，借助具有吸引力的话题，引发用户积极参与的意愿，增加其参与欲望和表达欲望。

4. 充分利用名人背书。互联网时代，要充分利用一些大V，制造一些具有吸引力的话题，并不断参与讨论回复，获取大量粉丝。通过这样的方式，激发用户的学习意愿。

■ 做好社群孵化

社群孵化是运营社群的一个重要环节。一个成功孵化的社群，需要满足以下条件。

第一，社群人数保持在200人以上。

第二，社群用户角色呈现金字塔的状态，并且用户角色明显，以便进行针对性运营。

第三，在社群建立前期，应该每天保持在20%以上的用户参与社群互动，中期和后期则应保证每天都有一定的话题供用户探讨。同时，探讨问题的人数应保持在一定的数量。如果人数过少，同样不利于社群运营。

第四，对于社群培养的习惯、分享等，应有部分成员坚持打卡，并由管理者定期进行群内激励，从而形成动态自生长。

第五，社群探讨的问题应该围绕产品与服务进行，避免讨论与产品和服务无关的内容。

第六节　私域流量：让社群运营盘活流量，更快触达顾客

2018年2月，步步高上线小程序"Better购"，从而开启了新一代的全渠道之路。而在步步高最新的全渠道模式中，社群营销起到了至关重要的作用。

步步高的社群营销体系化运作开始与2018年4月，与"Better购"小程序相互关联，相互引流。例如，在社群分享"Better购"的营销活动，既可以提升"Better购"的打开率，还可以增加订单量。而"Better购"提供的诸如秒杀、团购、立减金以及分享得红包等活动，又可以增加社群用户的活跃度。如今，步步高拥有35000名社群用户，其转化率达到了30%。

步步高之所以能够将社群营销做得风生水起，其中一个重要因素，是流量区域私有化的支撑。

流量区域私有化，即私域流量。私域流量这一概念最早由阿里巴巴

提出。它将淘宝系统内、卖家无法管理和干预流量的称为公域流量，比如全网营销、直通车、搜索等系统按照一定规则引荐的流量；而把留存为店铺转化为粉丝的，以及在淘宝交际媒体内，商户可以直接触达的流量成为私域流量。如今，私域流量的概念已经扩展到微信以及围绕整个微信生态圈开发的系列工具和使用场景。

通过私域流量，可以让商家将流量牢牢掌握在自己手中，最大限度地通过流量实现变现，如今，这也成为在电商2.0模式下商家生存的必备因素。可以说，私域流量是能够帮助社群运营盘活流量，更快触达顾客的强有力工具。建立私域流量，成为了每个电商都迫在眉睫的事情。通常，建立私域流量，分为以下六个步骤。

■ 步骤一：运营角色IP化

一个形象清晰的IP，能够让用户快速识别你的特性，并在短时间内吸引到与你的店铺特点具有相关性的用户。例如，你的店铺是买母婴产品的，那么，在打造IP时，则可以定位为母婴专家；如果店铺是卖食品的，则可以定位为美食达人。

并且，IP定位应为企业创始人、达人、网红一类，以增加用户的兴趣和信任感。例如，格力董事长董明珠就是一个超级IP，企业家IP。因为董明珠自身所表现出的对极致的追求以及对于格力产品质量的坚持，同时，又表现出了她作为一名女性所表现出的坚韧、自强等人格化特质，使得董明珠这一企业家IP得到了无数用户的认可。而在对董明珠这一个人IP认可的同时，也增加了用户对于格力品牌的认可度。

■ 步骤二：用优质内容连接企业和用户

内容营销，其重点在于内容。用优质的内容吸引到用户，才谈得上后续的营销工作。因此，在建立私域流量时，打造优质内容是必不可少的步骤。

一项优质的内容，需要满足四个条件（见图6-2）。

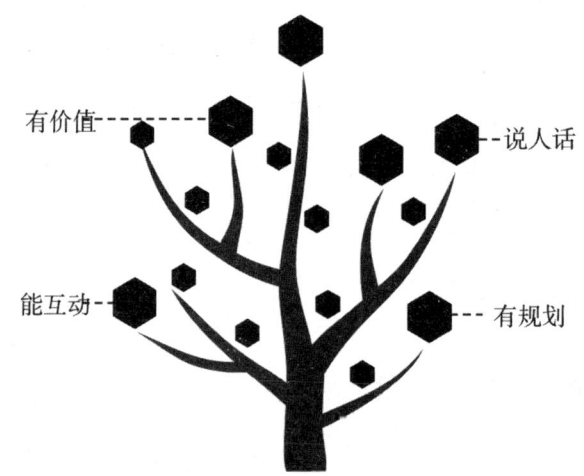

图6-2 优质内容的特点

此外，还应注意内容的转发。我们可以将创造的优质内容通过微信朋友圈、微博、抖音、豆瓣、知乎等社交平台上。一方面，可以实现信息的不断曝光和转发，大范围地传播信息；另一方面，也可以通过优质的内容寻找具有相同点的用户，创造共鸣，与用户建立信任。

■ 步骤三：加强用户互动

用优质的内容吸引客户，下一步就是要通过互动提升用户的参与感与品牌认同感,从而促进后续的销售转化。

以步步高为例,步步高通过借助小程序推广"秒杀""拼团""返利金"以及"朋友圈集赞领取购物券"等方式实现与用户的互动。并且,步步高在每周一、周三、周五会固定推出一定的促销活动,增加用户的关注。

■ 步骤四:对用户进行标签分层,实现分类管理

并不是所有的用户都完全相同,各个用户各有其特点。成功的营销一定是针对性的。因此,还需要对用户进行标签分层,实现用户分类管理与针对性营销。

1. 依据用户专业度强弱分层。

专业度指用户在你经营范围内的专业度。如,你的经营范围为电子产品,那么,则可以依据用户在电子产品方面的专业度不同,对用户进行标签分层。熟知各种电子产品信息的电子达人用户可分为A类,略有涉猎的用户可以分为B类,而"电子产品小白"可以分为C类。

2. 依据用户购买意愿强弱分层。

指用户对于你的产品的购买意愿强弱。如经常购买产品的忠实用户可以分为A类,购买过一次的用户可分为B类,有意向但没有购买的用户可分为C类。

综合上述两个分类标准,可以将用户大致分为以下四类(见图6-2,下一页)。

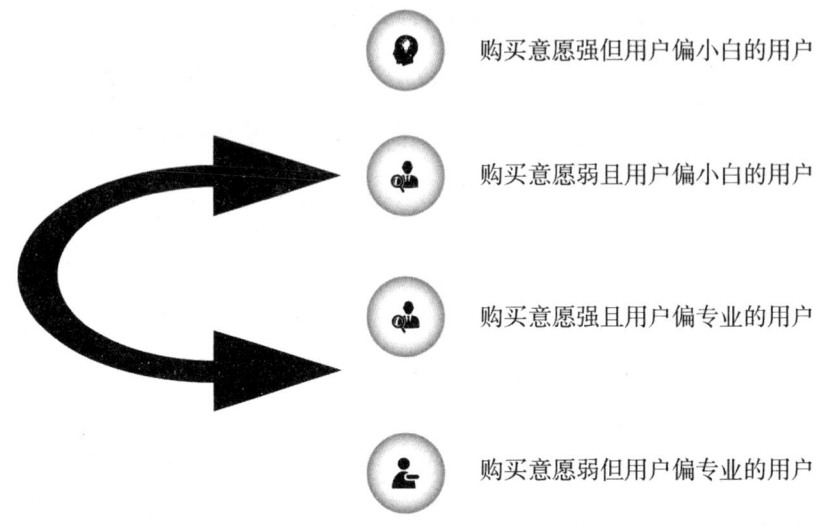

图6-2　用户分类标签

■ 步骤五：促进成交转化

成交转化可以通过评论的形式实现。当通过商品与用户互动激起用户的购买欲后，部分用户可能还会存在疑惑，以至于徘徊在买与不买之间。此时，我们便可以通过鼓励优质买家对商品进行评论的方式，用买家秀促进成交转化。

■ 步骤六：通过裂变实现用户增长

裂变，就是用老用户拉动新用户，再用新用户带动新用户，最终实现用户裂变的过程。

1．设计裂变流程。

在促成裂变的过程中，需要事先设计明确的裂变流程。依据产品的不同，裂变流程可能会有所区别。但是，大致的裂变流程如下（见图6-3）。

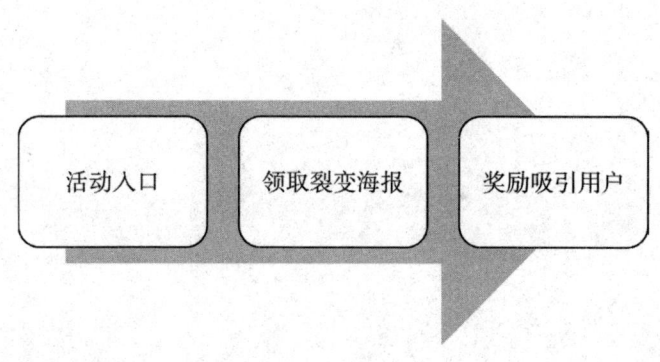

图6-3 裂变流程

2. 设计、拓宽裂变漏斗

把裂变流程的每一步，将图形化的样式改为漏斗，并着力拓宽漏斗的入口。如之前的活动入口为100人，拓宽之后，活动入口变为300人，裂变效果自然会更好。

第七章
供应链条：连接商家与用户的产业"路由器"

  供应链，指围绕核心企业，通过对商流、物流以及信息流等的全面控制，从原料采购、产品生产设计以及营销等各个环节中的一个由供应商、制造商、分销商直到最终用户所连成的整体功能网链结构。供应链是零售中的一个重要环节。在打造新零售的过程中，同样无法忽略供应链这一环节。在由传统零售向新零售转变的过程中，要着力做好供应链，让其成为连接商家与用户的产业"路由器"。

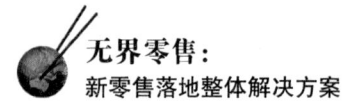

第一节　由线性、链式结构变为网状协同的价值网络

很多企业在谈到供应链时，脑海中仍然是以往线性、链式的结构。殊不知，这种形式的供应链已经不再适用于新零售。随着互联网的不断发展，消费者海量的、个性化的需求不断显现，同时，消费者所产生的数据同样也是海量的。线性、链式的供应链已经无法满足新零售的需求。在这样的情况下，网状的供应链逐渐显现出其在连接零售商与消费者之间的重要作用。由于网状的供应链具有弹性强、反应速度快、每个网络节点都可以单独或者联合供给，真正实现了满足各个消费者的不同需求的目标。因此，再由传统零售转向新零售的过程中，要着力打造网状协同的价值网络。

所谓供应链协同，指供应链的各个节点企业实现协同运作的活动。在网状的协同供应链中，供应链各方在相互信任的基础上，深入合作，通过电子平台及时沟通，在高效的合作中，为消费者提供更加优质、个性化的服务。

美国著名连锁百货公司梅西百货在新零售形势下，进行了全渠道布局，建立了网状协同供应链。其供应链共包括以下三个方面的优化：

第一，与供应商紧密合作，提升供应链效率。

第二，利用自有品牌，应对市场变化。

第三，对供应链进行数字化管理。

为提升供应链效率，梅西百货实行了One Macy's计划。将以地区为单位的供应链管理转变为全国统一管理的模式，有效提升了对供应商的议价能力、采购计划的合理性以及建立全国统一的促销方案。

在自由品牌和独占商品方面发力，梅西百货的自由品牌主要有15个，还包括其他标签，以服装为核心，同时包括包袋、珠宝、家居等。

在供应链数字化方面，梅西百货计划在2018年底对所有商品进行RFID标记，以方便自动跟踪供应链全线的商品库存；将库存准确度差异降低至2%~4.5%，全价销售额增加2.6%：同时，借助供应链升级，梅西百货缩小了与其他零售商在库存周转率上的差距。

除此之外，梅西百货对供应商实行制度化管理。从数据发送、票据开具、价格标签、货架陈列、包装、物流等进行了细致的规定和标准化管理。

■ 网状供应链协同以顾客价值为核心，提升经营效益

网状供应链协同网络是打造新零售中必不可少的一个关键环节。对于商家而言，新零售的核心是以消费者为主，而网状协同供应链正是围绕顾客价值展开的，因此，能够最大限度地提升企业的经营效益。

1. 能够精准发现顾客价值。新零售中，企业的任何一项经济活动都要以消费者为核心。而网状协同供应链模式下，企业与顾客之间的互动有利于企业更加精准地发现顾客价值，并根据顾客诉求确定供应链的下一步运作方向，以保证企业经营方向的正确性。

2. 能够创造顾客价值。如果仅仅只有一个企业，其资源和能力都是有限的，无法满足顾客日益增加的需求。而在网状协同供应链模式

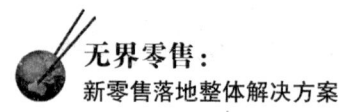

下,各个企业能够优势互补,通过各节点企业的物流、资金流、信息流的计划、协调和控制,增加顾客感知利得,降低顾客感知利失,创造最大顾客价值。

3. 能够交付顾客价值。网状协同供应链通过各方面的相互协助,能够最大限度地提升顾客在消费过程中的体验,创造更大的顾客价值。

4. 能够延续顾客价值。实际生活中,当顾客购买一件产品后,往往由于新鲜感,会对产品本身以及整个购物体验有一个较高的评价。但是,随着产品的损耗,其评价会逐渐降低。但是,在网状协同供应链模式下,能够为顾客提供更加完善的售后服务,给顾客良好的售后体验,以延续顾客价值。

■ 明确网状协同供应链设计框架,设计完整供应链

网状协同供应链的设计是向新零售转变过程中必经的一个环节。因此,企业要明确网状协同供应链的设计框架,设计符合企业发展要求的完整供应链。

第一,清晰供应链协同目标。所谓供应链协同目标,指供应链运作的目标体系,其中包括供应链的总体目标,同时也包括各项业务的子目标。并且,目标也有长期目标与短期目标之分。其中,供应链协同目标主要包括以下内容(见图7-1,下一页)。

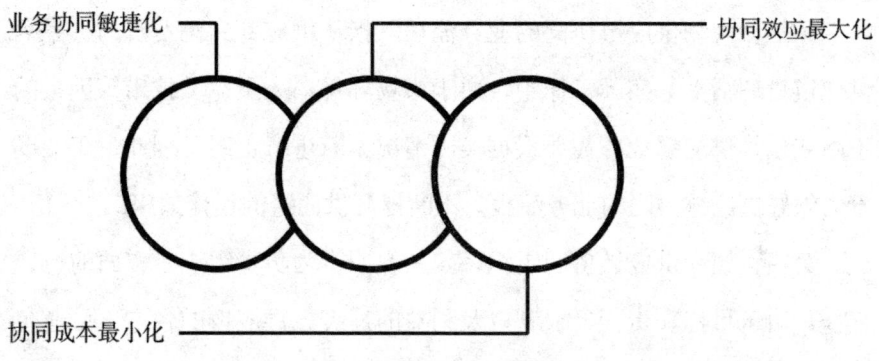

图7-1 供应链协同目标

在确立供应链协同目标时，参与供应链的成员企业要充分发表各自的意见，确保最终所确立的目标符合全部成员企业的发展要求。

第二，确立供应链协同规则。指供应链在实际运行过程中应该遵循的准则。如果缺少运行规则，各方没有相关条例牵制，则容易产生运行混乱。

在确立供应链协同规则时，除了要以相关的法律法规为依据外，还要包括以下几项内容（见图7-2）。

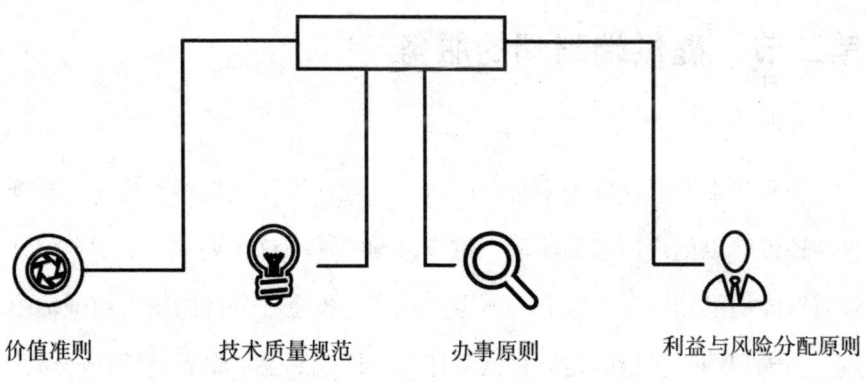

图7-2 供应链协同规则

供应链协同规则一旦确立，各方面在实际工作中，要严格遵循相关规则，保证供应链实施的有序性。

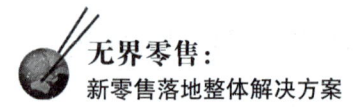

第三,规划供应链协同的业务流程。指从供应商到消费者的一系列供应链管理活动。实际工作中,由于市场环境、人员以及技术等因素的不断变化,供应链业务需要根据实际情况不断进行重组。因此,企业要着力做好供应链协同的业务流程,不断提升供应链的运作效率。

第四,建立供应链协同组织。其主要职责为负责组织各方面的协调工作。由于目标、责任、权利以及利益的冲突,供应链的各方不可避免地会出现一定的分歧。为了保证供应链能够顺利运行,就需要供应链协同组织在其中做一定的协调。组织行为强调供应链协同活动主体的价值观、行为意向、激励和工作行为等。供应链协同活动主体的价值取向、素质和能力、责任履行和形象展示直接关系到供应链协同活动的效果。因此,在打造网状协同供应链时,要建立专门的供应链协同组织,减少矛盾的发生,实现共同进步。

第二节 提供端到端的服务

新零售强调以用户为中心,因此,企业在设计供应链架构时,同样也应该设计以用户需求为驱动的供应链网络。在这一要求下,则要保证供应链能提供端到端的服务。所谓"端",指企业外部的输入点或输出点;"端到端",指的是一种网络连接,即端到端的逻辑链路;而端到端供应链,则是指从用户端到供应商端,其中,包括需求预测、计划、采购、生产、仓储、物流配送等内容。端到端供应链将用户体验放在了最重要的位置。

宝洁（中国）营销有限公司授权北京一商宇洁商贸有限公司在天猫开设"宝洁"品牌官方旗舰店。同时，双方与浙江菜鸟供应链管理有限公司深度合作，逐步将宝洁在天猫平台的三家官方旗舰店转移到菜鸟网络下运作。为了更好地合作，其构建了端到端的供应链，主要包括以下特点：

第一，以用户为中心，联合天猫平台，打造爆品，收集、分析、整理大数据，预测用户需求，便于进行选择品类、区域、时间以及引导用户购买行为，以此达到提升销量的目标。

第二，制定信息自动化解决方案，处理实时信息流，建立页面缺货率预警，并建立提前订单以及自主性订单、库存管理系统等，实现从前端销售到后端生产的双向信息交流和决策机制。

第三，为适应电商快速变化的需求，实施灵动生产计划。其中，"日循环生产"可以将爆款产品的生产周期控制在一天之内；"客户化包装"运作模式则支持不同品牌品类的市场和产品策略。

第四，打通库存。使用"云库存"在商品信息和实物两方面双向打通仓库库存，以保证能充分满足天猫旗舰店超量且计划外订单，避免库存不足的窘境。

第五，快递协同。研发预包和波次导航功能，有效提升包裹的生产效率。同时，优化供应链节点布局，明确各个仓库、分拨中心、配送路径的位置，根据实际情况，合理确定各个链路时效的优先级。

通过以上要点的设计，经过一年的运营，其端到端供应链的各项指标实现了突破性的提升，而供应链成本则较去年降低了20%。

通过上述案例可以看出，端到端供应链以用户需求为中心，打通库存，避免缺货等问题；实现了订单信息与商品信息的实时监控；同时，还提升了产品销量，降低了运营成本。因此，企业要打造新零售，就要构建端到端的供应链，让供应链提供端到端的服务。

■ 明确端到端供应链的两种类型，选择合适类型的供应链

企业要构建端到端的供应链，首先要明确端到端供应链的模式，一边针对企业自身的实际情况选择合适的端到端供应链模式。现今，受到广泛认可的供应链模式主要有两种：SCOR供应链运营模型；高德纳（Gartner）供应链运营模型。

1. SCOR供应链运营模型。SCOR供应链运营模型是如今受到广泛认可，较为经典的一种端到端供应链模型，同时，也是众多企业常用的供应链组织参考模型。SCOR供应链运营模型使企业间能够准确地交流供应链问题，客观地评测其性能，确定性能改进的目标，并影响今后供应链管理软件的开发。

SCOR供应链运营模型主要包括以下要点（见图7-3）。

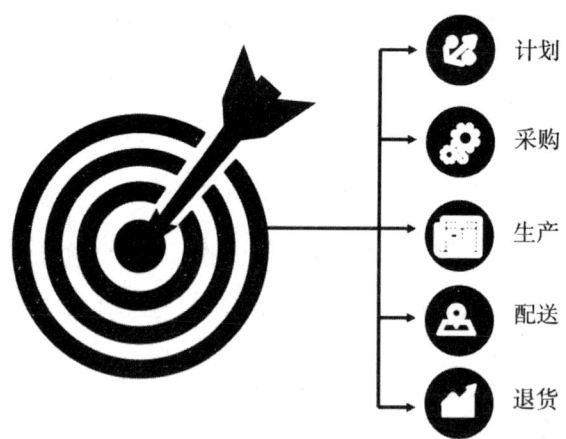

图7-3　SCOR供应链运营模型要点

其用途共有以下几种（见图7-4）。

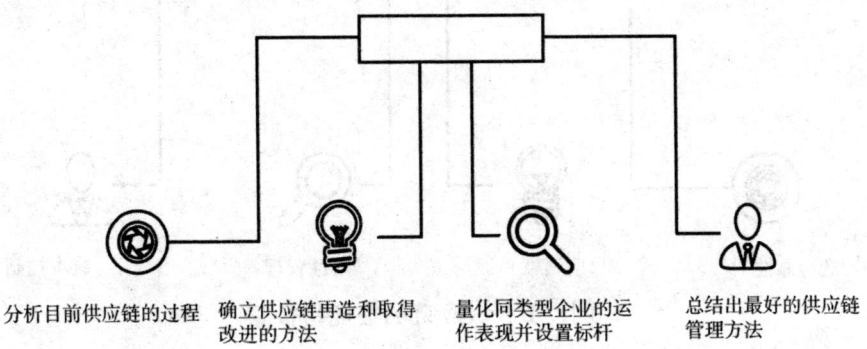

图7-4　SCOR供应链运营模型用途

在端到端供应链的配置工作方面，SCOR供应链运营模型主要有以下三个方面的作用（见图7-5）。

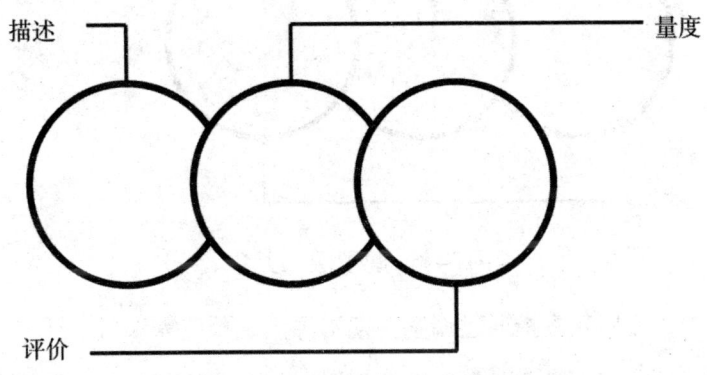

图7-5　SCOR供应链运营模型的作用

SCOR供应链运营模型共包括三个层次：

第一层，绩效衡量指标。反映了供应链的性能特征。共包括四个方面（见图7-6，下一页）。

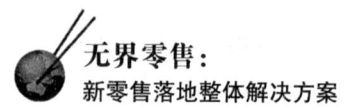

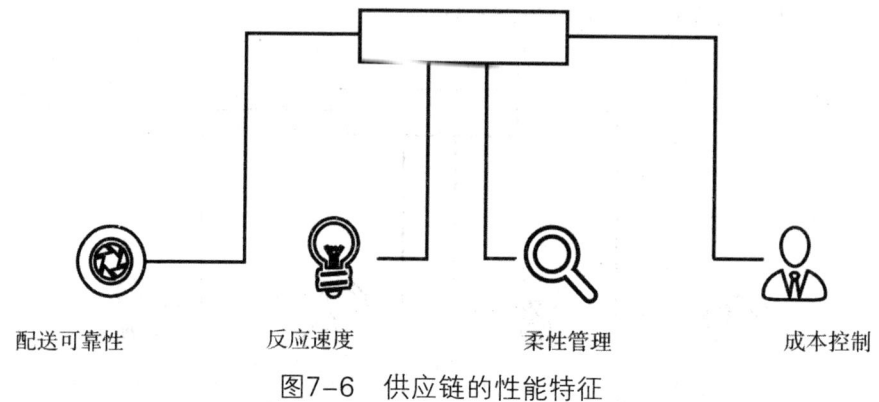

图7-6 供应链的性能特征

第二层,配置层。配置层由三种元素组成(见图7-7)。

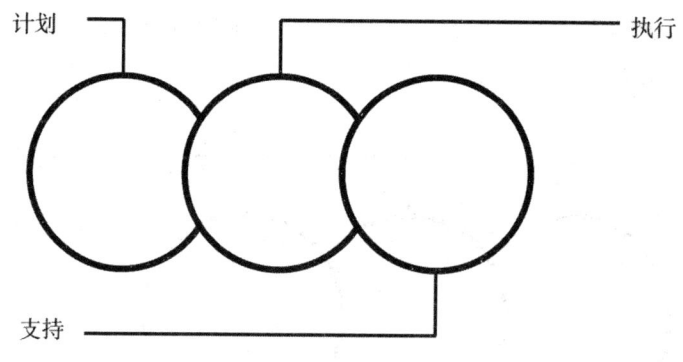

图7-7 配置层三元素

其中,计划元素指通过调整预期资源满足预期需求量。计划流程要达到总需求平衡以及覆盖整个的规划周期。定期编制计划流程能有利于供应链的反应时间。计划流程同时综合模型中的部分及企业;执行元素主要包括进度和先后顺序的排定、原材料及服务的转变及产品搬运等内容;支持元素指计划和执行过程所依赖的信息和内外联系的准备、维护和管理。

第三层,流程元素层。共包括三个环节(见图7-8,下一页)。

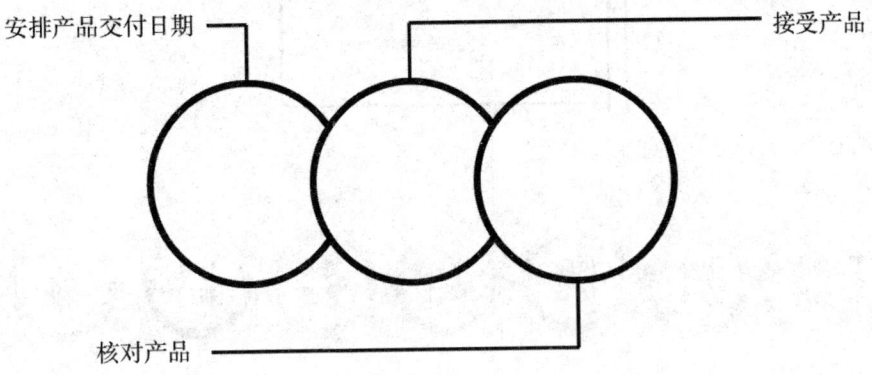

图7-8 流程元素层三个环节

2．高德纳（Gartner）供应链运营模型。由高德纳（Gartner）咨询公司对端到端供应链所应具备的能力的描述总结而来。高德纳（Gartner）供应链运营模型共包括四个方面的内容（见图7-9）。

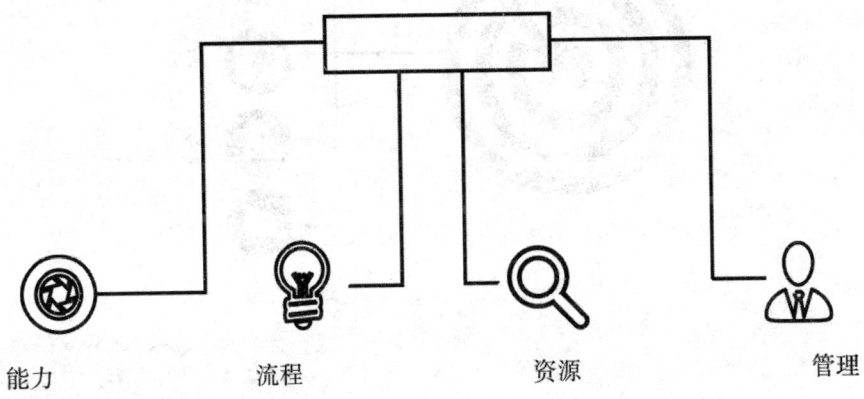

图7-9 高德纳（Gartner）供应链运营模型内容

高德纳（Gartner）供应链运营模型清晰阐述了端到端供应链的构建方法。将端到端供应链划分为七个维度（见图7-10，下一页）和五个阶段（见图7-11，下一页）。

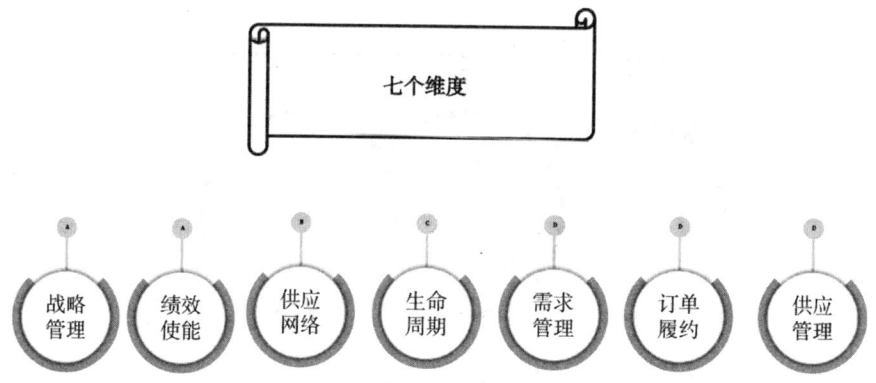

图7-10 七个维度

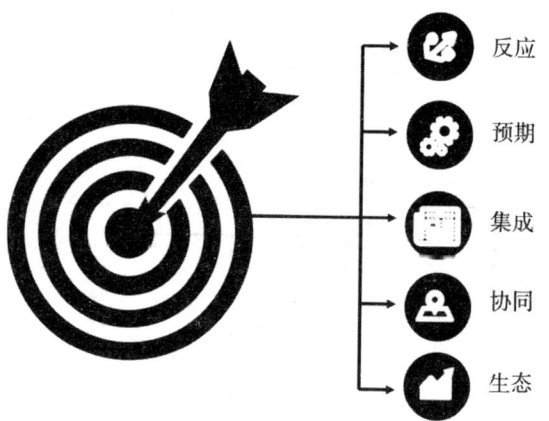

图7-11 五个阶段

■ 打通端到端供应链计划

计划，本质上是指令，而指令要想发挥作用，就要打通，并且保持较快的速度和灵活性。要保证端到端供应链计划是打通的，可以从以下几个指标入手判断（见图7-12，下一页）。

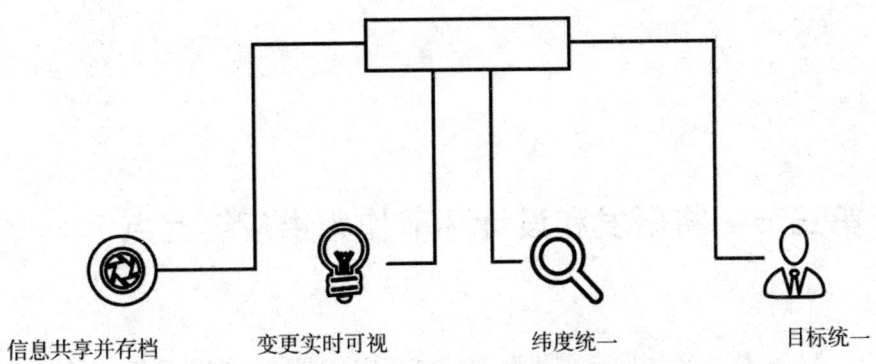

图7-12 端到端供应链计划打通判断指标

其中信息共享并存档指需要某项计划信息的人看到的都是同一版本，而且销售、计划、生产、采购等模块的信息都可以在多维度下关联查询并分析，这些信息都要被存档并可调阅；变更实时可视指变更要通过共享的信息通道传达给每个需要的人，并且更新工作安排；纬度统一指各部门所使用的基础数据相同，无需手动转换，各部门只需根据实际情况不同，自行选择不同的角度和展示形式即可；目标统一则指部门、各环节都围绕同一个最终目标而工作。

而要真正打通端到端供应链计划，就要从四个方面入手。

第一，定流程，明确问题所在。通过梳理整个计划运营节奏，明确各个环节的输入和输出，并找出其中的问题。

第二，定职责，匹配业务与岗位。明确各个岗位所承担的业务职责和需要处理的具体事宜。

第三，定规则，提高供应链柔性。对业务进行具体分析，针对不同的业务场景制定不同的预案，提高计划的柔性与反应速度。

第四，定系统。指将之前所确定的流程、职责、规则等纳入系统操作，提升工作效率。

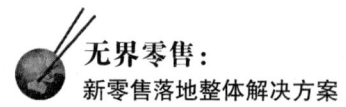

无界零售：
新零售落地整体解决方案

第三节 将研发和设计环节作为供应链起点

在由传统零售向新零售转变的过程中，要想重构供应链，最重要的一步就是要将研发和设计环节作为供应链的起点。实际经营过程中可以发现，设计和研发阶段对供应链的成本起着绝对的决定性作用。供应链的80%的成本都来自于设计和研发环节，同时，设计和研发环节还决定着企业的运营、生产和物流成本。因此，在构建新零售的供应链架构时，就要将研发和设计环节作为供应链的起点。

■ 将研发设计环节作为起点，着力提升研发效率

实际经营工作中可以发现，当一件产品设计出来，实际你已经决定了它会畅销还是滞销，是否会形成库存。同时，也会非常清晰其生产成本与物流成本。这也就意味着，当产品设计出来后，便在很大程度上决定了其成本和销售情况。如果一个产品设计出来后成本过高，销量过低，企业仅仅寄希望于通过整个供应链的后端来挽回损失几乎是不可能的。通常，即使在整个供应链的后端花费大量精力改善工作流程，从各个环节节省成本，也只能节省出20%的空间。因此，产品的设计研发环节就变得至关重要。为此，企业要将设计研发环节作为供应链的起点，同时，充分利用各项新技术，着力提升研发效率，以实现降低成本，提

升销量的目的。

在产品设计研发环节，企业需要综合考虑以下三个方面的成本控制。

第一，经营成本。指企业从事主要业务活动而产生的成本。经营成本是企业经营过程中最直接产生的成本。在产品设计研发环节，要想控制好经营成本，就要综合考虑以下三个方面的内容（见图7-13）。

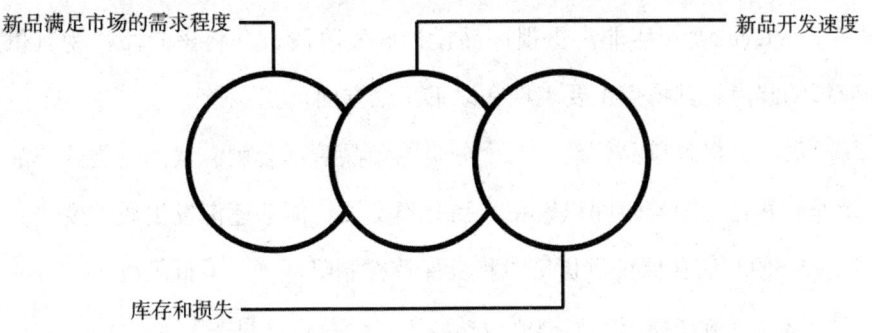

图7-13　控制经营成本应考虑的内容

第二，生产成本。指生产活动的成本，即企业为生产产品而产生的成本。企业要想控制好生产成本，就要从生产零件的通用性、原材料的易得性以及生产工艺是否成熟，是否易于生产等多方面进行考量，力求在保证质量的前提下，将生产成本降到最低。

第三，物流成本。物流成本是供应链成本中的重要一项。控制好物流成本，也是降低整体成本的有效途径。为了降低物流成本，企业在设计产品时，要考虑其是否节约空间、包装材料的成本，以及是否易于搬运，是否便于运输，是否容易破损。

通过在产品设计研发环节综合考虑并控制以上三方面成本，能够保证所生产出的产品能够保证最低的成本，以提升企业最终的收益。

■ 以市场需求为中心，设计研发符合市场需求的产品

通过上文可以看出，产品是否符合市场需求，对供应链的成本和收益有着巨大的影响。如果研发的产品不符合市场需求，则会在企业造成巨大的损失。因此，企业在设计产品时，首先要分析市场需求，设计研发符合市场需求的产品。

7-eleven便利店非常重视产品设计研发阶段，并将该阶段作为其供应链的起点。其特点主要表现在以下三个方面：

第一，极致单品管理。一个分类的单品管理会刺激其他品类的单品管理。并且，随着时间积累和产品分类交叉，能够逐渐发生质的变化。7-eleven便利店在保证供货量时将其库存控制降低到了最低限度。

第二，精益物流。其物流包括以下三个特点（见图7-14）。

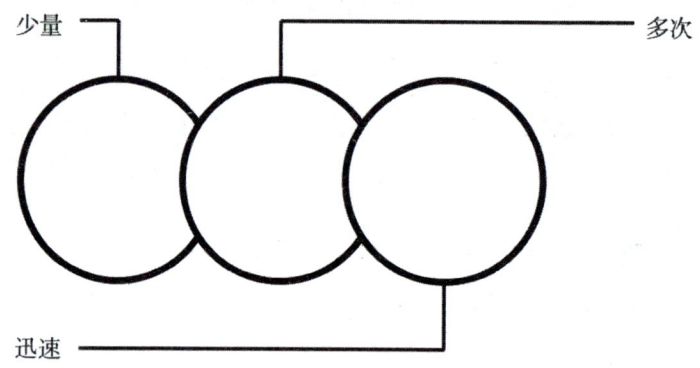

图7-14　7-11便利店物流特点

通过这样的物流，不仅可以给用户提供新鲜的产品。同时，用户还可以享受到及时、便利的服务，另外，还能够保证不缺货。

第三，产品迭代。7-eleven便利店拥有快速的产品迭代。相关数据

表明，日本7-eleven便利店总部所提供的SKU共有4800种，其单店销售单品为2800种，其中，60%以上的产品为7-eleven便利店自营。并且，7-eleven便利店每周会有100种新品推荐给产品，每年的产品更换率为70%，以便快速响应市场需求。

7-eleven便利店通过将产品设计研发阶段作为供应链的起点，不仅能够保证产品的质量，还能够降低供应链的成本，最终提升其整体利润。

第四节　新零售供应链就要弹性、敏捷、智慧

新零售模式下，弹性，敏捷，智慧会成为了供应链非常重要的特征。传统零售模式下，供应链的响应速度较慢，当市场需求发生变化时，商家无法快速响应，导致错失了最佳时机。新零售模式对于供应链的市场响应能力提出了更高的要求。传统零售商在向零售转变的过程中，要转换供应链架构，提升供应链响应能力。让供应链变得弹性、智慧、敏捷。

■ 供应链弹性化：打造柔性供应链

弹性，实际上就是柔性供应链，是指产线和供应链体系，能够在个性化、小批量、大批量之间自由切换，同时交期、成本不会变化很大。弹性的主要目的是为了实现供应链随需而动，实现供需和谐。

柔性供应链在新零售模式中具有非常重要的作用。以服装行业为

例,对于服装行业供应链的柔性改造,很多人一直持怀疑态度。认为小批量、快速反应以及在改为小批量后的保持价格稳定都是不可能实现的。但是,如今,只要能够重构供应链条,采用集中-分散-集中的方式,就可以实现柔性供应链。

供应链包括多个方面(见图7-15)。

图7-15 供应链环节

由于消费者对于衣服的款式要求变化非常快,因此,企业要想获得强大的核心竞争力,就必须提升自身供应链快速反应的能力,以款式多、数量少的方式满足用户不断变化的个性化需求。同时,还要在保证产品质量的前提下,控制生产成本,将利润最大化。此外,可以利用大数据分析消费者的喜好,并通过互联网实现碎片化小订单集中化生产,实现供应链的柔性化,以实现对成本的控制等要求。

ZARA就是柔性供应链的发起和引导者,ZARA新款试销时只下预估销售量的25%,款式到达店铺之后立即根据反馈终端反馈快速翻单,7天内货品可以到达专柜,极大缩减和顾客和产品之间的信息时间,企业可以更贴近用户需求做出生产计划,极大降低企业库存风险,做到按需生产,而最终有望实现C2B。

柔性供应链具有以下特点(见图7-16)。

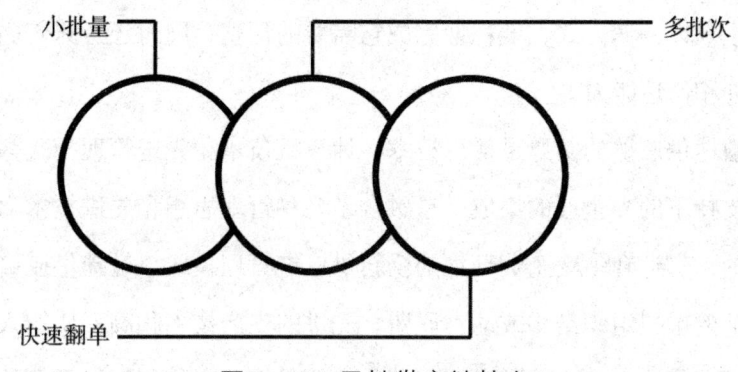

图7-16 柔性供应链特点

企业在打造柔性供应链时,要注意其要点与核心。而柔性供应链的打造,需要精准化设计、精益化生产、弹性产能的预备、强有力的计划中心、可视化的生产线以及单件流的生产车间模式等多个方面工作的相互协调。企业只有做好以上几个方面的工作,才能成功打造柔性供应链。

■ 供应链敏捷化:快速反应,满足市场需求

随着消费模式的不断变化,以及互联网的迅猛发展,消费者的需求在不断发生变化。产品的生命周期越来越短。在这样的情况下,如果不能顺应市场需求,及时调整产品与服务,则企业就会被市场所淘汰。因此,新零售要求供应链敏捷化,快速出货供货以捕捉市场需求。

服务水平是敏捷供应链中的关键。而供应链的"灵活性"和"反应性",实际上是根据市场需求的变化,及时调整经营策略,使得供应链在最短的时间内,用最快的速度适应市场需求的变化,以满足消费者的

需求，为其提供优质的服务。

敏捷性是敏捷供应链的核心。敏捷性是指企业驾驭变化的能力，它要求企业以高速方式，低耗地完成它需要的调整，同时还意味着高度的开拓性和创造能力。

敏捷供应链的实质是信息技术、计算机技术和先进管理模式等综合技术支持下的多企业的集成，是融合了多种管理思想和先进技术而发展起来的一套适合多变企业环境的全新供应链管理模式。敏捷供应链通过把灵活的虚拟组织结构或动态联盟、先进的生产技术和高素质的人员进行全面的集成，从而使供应链能够从容应付快速变化和不可预测的市场需求，并获得长期的经济利益。

敏捷供应链和一般供应链相比，具有以下几个特点（见图7-17）。

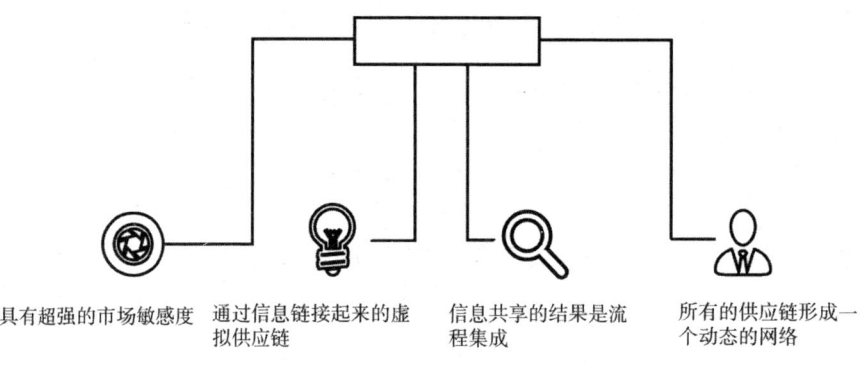

图7-17 敏捷供应链特点

戴尔公司的供应链就是典型的敏捷型供应链。通常，该类型的企业往往会将产品制成成品，并形成库存。而戴尔公司并没有这样做，而是将部分硬盘、内存、键盘等部件形成少量的库存。用户可以通过戴尔的线上商店，根据自己的需求，将各种部件进行在线配置并下单。戴尔公司收到客户订单后，其电子商务系统会自动向工厂下达制造工单并向相关的供应商发出采购定单。

戴尔公司正是因为以敏捷性供应链为依托，才能够提升企业的市场敏感度，随着市场需求的变化及时调整经营策略。

■ 供应链智慧化：用智慧供应链实现商业智能化

"智慧供应链"是结合物联网技术和现代供应链管理的理论、方法和技术，在企业中和企业间构建的，实现供应链的智能化、网络化和自动化的技术与管理综合集成系统。新零售模式下，任何事物都在变得更加智能，供应链也应逐渐向智慧化转变，以实现商业智能化。

"智慧供应链"与传统供应链相比，具备以下特点：

第一，技术的渗透性更强。智慧供应链模式下，企业能够将包括物联网、互联网、人工智能等在内的各种现代技术进行系统吸收，并将以上各项新技术引入企业管理过程。

第二，可视化、移动化特征更加明显。智慧供应链模式下，可视化手段得到了明显的提升。通过可视化、移动化的技术，可以帮助企业快速、准确地反映各种数据。

第三，更人性化。在主动吸收物联网、互联网、人工智能等技术的同时，智慧供应链更加系统地考虑问题，考虑人机系统的协调性，实现人性化的技术和管理系统。

以亚马逊的无人仓库为例。其无人仓库，就是智慧供应链的典型代表。其Kiva仓库在搬运、拣货方面具有强大的能力，实现了货到人的分拣方式。目前，亚马逊已在10个仓库中，部署了超过1.5万个Kiva机器人。通过引入机器人技术，平均每个订单所耗费的时间较以前相比节省了一个小时的时间，大大降低了时间成本；同时，由于引入了机器人技术，所需要的人工数量也明显下降，有效节约了人力成本。在有效节约时间成本和人工成本的前提下，亚马逊无人仓库的效率却比以前提高了75%。

第五节　引入人工智能，让操作更简单

人工智能技术是打造新零售过程中不可或缺的一项新技术。其在新零售中的重要应用方向之一，就是加入供应链。引入人工智能后的供应链，会变得更加智慧、自动化。不仅可以提升供应链对于市场需求的预测、响应能力，还能实现操作过程的自动化与科技化，减少人工的使用，从而降低成本、简化操作，提升工作效率。

■ 人工智能让供应链更加强大

在供应链中引入人工智能，能够大大提升供应链在各个环节的工作能力。

第一，加强数据的实时处理能力。移动互联网时代，每分每秒都在产生着海量的数据。这些数据中，包含着用户购买需求、购买偏好等重要信息，对于企业的经营决策具有重要参考架子。通过在供应链中引入人工智能，能够有效加强供应链对大量数据的实时处理能力。通过对产生的大数据进行深度分析，能够帮助企业优化经营决策。

第二，采销配送更加便捷、自动。人工智能应用于供应链物流的采购、销售、配送等多个环节。

采购方面，商家需要给用户提供其需要的产品。而大数据正是做好有针对性地选品的重要工具。将人工智能与统计学相结合进行产品的预测和补货，从而实现智能化、自动化补货；销售上，运用运筹学和人工智能实现动态定价，同时考虑产品生命周期、促销方式等因素，从而可以让商家保持良好的运营并有效控制库存；配送上，通过大数据技术进行销量预测，结合自动补货系统，实现库房自动化备货，提高商品的现货率，降低了库存周转率，同时为用户提供高效卓越的购物体验。

第三，预测销量、智能补货。商家要做好销量预测与智能补货，能够使经营工作更加智能，更加有针对性。而人工智能正是商家实现销量预测的技术基础，同时，通过综合考虑商品、用户、时间、促销信息、天气等外部因素，可以有效提升商家对产品销量预测的准确度；在智能补货方面，商家可以通过运用人工智能系统，对以往销售信息进行分析，将预测信息进行建模，从而企业的最优补货点和目标库存。以达到提升产品满意度的目的。

第四，预测价格。新零售模式中，物流价格会随着季节、时段、道路运输状况等因素而进行波动，因此价格预测就成了企业面临的最大挑战。结合机器人学习系统，建立用于预测价格的模型，结合价格的历史数据，最终估算合理的价格。

第五，开发新技术。供应链系统的优化，需要以企业的技术开发能力为技术支撑。如果企业已经建立了数据中心，就能够收集并分析大量有用的数据，使其在发生变化时及时调整经营策略，同时，还可以预测分析、运营与管理、以及工业物联网服务。

第六，缩减成本，提升效率。物流机器人的应用提高了物流系统的效率和效益，人工智能技术能带来运输路径的优化，提高配送效率。例如，通过运用人工智能技术，2017年"双11"，菜鸟联盟仅用时2.8天就将第一亿个包裹送到消费者手中，相比2016年再减少0.7天；"双12"，仅用15小时就送完2016年全天的包裹量。不仅控制了成本，还大大提升了配送效率。

第七，及时处理意外情况。商品在运输的过程中，可能会出现各种突发情况，使商品受损，给企业造成损失。而通过人工智能技术，则可以在商品运输的过程中，准确预测各种可能发生的意外情况，并事先制定应急计划，避免由于突发情况而给企业造成不可挽回的损失。

■ 扫清供应链引入人工智能过程中的障碍

引入人工智能后的供应链，在新零售的多个环节都发挥着重要作用。但是，由于各种原因，将人工智能引入供应链，仍然存在许多障碍。

第一，对多环节协同能力提出了更高的要求。目前的智慧供应链系统，由于受到现实条件的限制，使得供应链的各个环节相对独立地进行优化而没有形成完整的闭环系统。

第二，不确定性增加。通常，存在的不确定性越多，供应链系统的运行效率就越低。在传统的供应链系统中，企业所采用的策略往往比较保守，这样的方法虽然能够减少不确定性因素带来的风险，但是，同时也会限制对当前供应链的改善程度。

第三，时效性与预测性有待加强。市场环境在不断变化，在这样的情况下，企业所建立的相关模型也应该做出一定的改变。但是，当前一些信息的采集和处理工作并没有形成有效的解决方案，存在一些显著的困难。并且，当前模型的训练主要基于历史数据进行，对于未来新场景的预测能力有待提高。

第四，数据源难打通。用户数据的敏感性导致不同数据源之间的数据难以打通，使得AI模型的应用受到局限。发挥AI的巨大潜力，需要扩大基础信息的采集面。比如，系统智能补货系统需要根据用户的购买行为、经济能力等信息计算系统最优的补货策略。

我们在打造新零售的过程中，要着力克服人工智能技术在供应链中的应用困难。

首先，打造优化策略。通过建立基于在线学习的优化策略，并逐步引入数据驱动的在线模型学习技术，能够在模型使用过程中将其做进一步的完善与优化。

其次，强化学习下的人工智能。随着应用的深入，企业应逐步建立起有效的供应链系统仿真机制，并以此为基础，建立强化学习系统，使得供应链系统能够应对更加复杂的问题。

第八章
模式落地：零售新物种，抢占新零售高地

如今，随着新零售的逐渐开展，不少企业已经开始布局新零售。在这样的情况下，很多零售"新物种"也相继出现。传统零售商在向新零售转变的过程中，要分析、学习这些新零售成功代表，分析其模式，并将其作为打造新零售的重要依据。

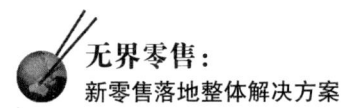

第一节　盒马鲜生：仓店一体的双向流量零售杀手

盒马鲜生：仓店一体加速调配，线上线下双向引流

盒马鲜生，是阿里巴巴在新零售趋势下孵化的零售新业态。盒马鲜生定位于以大数据支撑的线上线下一体化超市，为"传统商超+外卖+盒马APP"的复合模式。盒马鲜生的概况如下（见表8-1）。

表8-1　盒马鲜生基本概况

模式：生鲜超市+餐饮体验+线上业务仓储。
模式：生鲜超市+餐饮体验+线上业务仓储。
品类：以生鲜为主，海鲜、蔬菜、水果、肉类等全品类经营，新鲜菜品、半成品和成品全供应。未来在成品比例将会不断增加，满足消费者对于便利的需求。
业态：核心为去中心化。
面积：4000-10000平方米。
选址：以大流量的Shopping Mall为主。
模式：大前置仓模式。门店超市与仓库结合，每个门店都是线上订单配送的仓储。线上、线下共用同一仓储，共同分担，降低成本。

盒马鲜生提出了3公里范围内半小时送达的零售新概念，以线下体验为基础，并将其作为线上平台盒马APP的仓储、分拣以及配送中心。消费者可以在门店直接采购商品，也可以在盒马APP线上下单，有专业的配送团队在30分钟之内送达。这样，既保证了线下门店的流量与销

量,又利用门店达到了线上引流的目的,实现了线上线下双向引流。而盒马鲜生之所以可以在新零售领域占得先机,主要有以下几个因素。

■ 大仓对店仓,缩短订单路线

盒马鲜生为大仓对店仓的物流模式,而配送方面,则是30分钟近场景即时配送的外卖模式。根据顾客下单的库存量和包裹数量,以及顾客收货地址所在位置,系统会自动设计一条最佳配送路线。

盒马鲜生的智能化物流,具有以下特点:

1. 智能履约集单算法。为保证配送时效性,并有效控制成本,盒马鲜生基于时效节点分布、区块分布,在整个POI的位置上,打造出了智能履约集单算法。简单来讲,就是将不同的订单在一个路线上,相互整合,找出最优配送批次的串联。

2. 门店智能调度。线下门店是盒马鲜生物流调度中的坐标中心。其门店为仓储式货架和库存设计,各个商品的货位和库存,可以实时回传调度。这样的门店,既可以实现线下销售与体验的功能,又可以作为线上的仓储。

3. 配送智能调度。在线下门店作业完成分拣打包装车后,配送员要在配送区域内,对具体配送位置、订单批次、品类做一定的分析,实现最优智能匹配,做到智能效率的最大化。

4. 商品智能订货。盒马鲜生的门店并不是简单的作为大仓使用,而是在发挥大仓作用的同时,在智能化的基础上作为了物流中心。盒马鲜生根据自身的历史数据以及阿里巴巴的大数据,做智能的订货和库存分配,以实现库存周转、销售和顾客需求的最大化。此外,通过分析每个门店周边盒马会员的需求,可以实现智能化的商品选择和智能分配,进一步提升库存周转和商品动销。

■ 线下围绕场景构建品类,实现快速引流

盒马鲜生基于场景定位,围绕"吃"这一场景构建商品品类。盒马鲜生不仅有众多新鲜的蔬菜、肉类、奶制品以及海鲜,还提供即时加工的服务。

消费者选购水产品后可以指定各个海鲜的做法,如蒜蓉粉丝蒸、马苏里拉奶酪焗等多种口味。如果吃过后感觉味道不错,还可以直接买到制作食物所需要的调料,调料部分也是盒马鲜生自行配制好的,让消费者也可以自己回家加工,在盒马APP内也有相应的视频教学。

此外,盒马鲜生的消费场景也更加年轻化,构建了各种各样的场景吸引年轻消费者拍照、分享。

盒马鲜生通过构建消费场景,不仅给消费者提供了优质的体验,增加了顾客粘性,还实现了快速引流的目的。

■ 线上发展会员制,利用大数据做精准营销

盒马鲜生的线上APP:盒马APP,是其发展会员的主要工具。盒马鲜生为培养用户的移动支付习惯,曾将盒马APP作为门店的唯一支付入口,消费者必须下载并注册为盒马APP的会员才可以完成支付。

盒马APP聚合了一般会员卡的筛选用户(习惯使用手机支付的消费人群)、准入(无盒马APP无法结算)、支付(绑定支付宝账号)和绑

定用户（售后和优惠码兑换）等功能，将线下流量强行导流到线上。这样不仅利于培养用户使用盒马APP和支付宝的习惯，而且可以掌握用户数据，针对喜好和消费习惯进行精准营销。

盒马生鲜正是通过仓店一体的模式，结合场景体验以及会员营销等方式，实现了线上线下双向引流，让新零售成为了现实。

第二节 超级物种：多品类的线上+线下自营便利店

在新零售模式的浪潮下，各种各样的零售新业态也不断出现。超级物种就是永辉超市推出的零售新业态。超级物种工融合了鲑鱼工坊、波龙工坊、盒牛工坊、麦子工坊、咏悦汇、生活厨房、健康生活有机馆、静候花开花艺馆等八个创新项目，是一家新型的餐饮自营集合店。

总体来说，超级物种具有以下几个特点：

第一，由多个"物种"集合而来，不同商圈的品类不同，可以进行任意搭配。并且，每一个物种都是永辉超市自己孵化而成。

第二，线上+线下+餐饮的经营模式。超级物种的线下门店集合了卖场、餐饮、仓储以及分拣等多项功能。并且，采用自建物流，配送方式为"前场库存+后场物流"的形式。

第三，所有经营品类全部自营。这样做的目的，一方面可以有利于永辉超市更加自由、自主地做好产品研发和推广，另一方面，可以有效避免以往联合经营模式中合作商户不挣钱、品类减少或者直接撤场等问题。

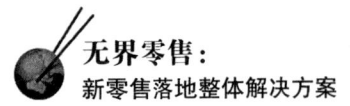

从上述超级物种的三个特点可以看出,超级物种作为零售新业态,是一家餐饮自营集合店。

■ 定位:客群+产品

超级物种经营的产品品类较多,定位为生鲜蔬菜型便利店。其客群主要定位为社区以及白领层级。

经营品类上,超级物种主要为顾客提供家庭日常生鲜购物,满足白领上班族闲暇时间的生鲜补充,以及顾客每天对于水果的摄入需求。但是,与常规的便利店不同的是,超级物种除了销售零食以及日用品之外,还增加了蔬菜、水果、冷冻鱼肉、个护母婴以及中外名酒等产品。品类更加适用于社区人员以及白领上班族的需求。其中,店内也增加售卖了超级物种的部分自营商品,比如,鲑鱼工坊的三文鱼、盒牛工坊的牛肉等等,以冷冻保鲜包装进行贩售。顾客在购买完成后,可以选择带回家自己做,也可以选择当场加工,随即品尝。

此外,在超级物种的线下门店中,设置了适合目标人群使用的"休息区"。"休息区"舍设有高脚凳和长桌子,顾客可以在这里休息、就餐以及社交。高脚凳+长桌子的形式,更加年轻化,因此,这也成为了超级物种吸引年轻顾客的一个重要因素。

■ 线上+线下打造立体化门店,提供"一公里"服务

新零售模式下,更加强调线上与线上结合给消费者带来的消费便捷性与及时性。超级物种作为新零售的代表,利用线上+线下的形式,打

造了立体化的门店，为顾客提供"一公里"服务，让顾客真正感受到新零售带来的消费便捷性。

其"一公里"服务体现在店内和店外两个方面。

首先，店内。在线下实体店内，陈列着一块巨大的电子触摸屏幕。顾客可以通过这块屏幕，了解当前门店内的各种商品活动，以便更好地做出购买决策。除此之外，门店内所有的商品都附有二维码，顾客通过扫描二维码，或者直接扫描商品条码，就可以直接在永辉超市的线上APP了解商品详情，并下单购买。

在结账环节，有专门的电子自助收银机作为顾客快速结账的方式。如此，便可以有效减少人工结账入口的排队人数，为顾客节省大量时间。

其次，店外。永辉超市充分利用线上APP。用户无需亲自走出家门到线下实体店，只需要进入线上APP，就可以在线上选择商品，并享受送货上门的服务。

配送方面，由永辉超市自身的物流进行配送，可以保证送达的时间和效率。

不论店内和店外，永辉超市都将线上APP与线下门店进行了深度融合。两者相互作用，不断提升消费的便捷性与时尚感。这也完美契合了其年轻人群的用户定位。

■ 为顾客私人订制，根据顾客需求孵化产品

新零售模式中，一个关键词即为：定制。这也是以消费者为中心的新的零售模式的主旨。永辉超市在产品品类的选择上，充分考虑了目标

客户的消费习惯,根据顾客的消费习惯为其进行私人订制。

例如,永辉生活线下实体店的产品中,进口产品与国产商品各占50%。但是,当门店靠近白领客群时,由于考虑到这一顾客群体追求时尚、标新立异的消费心理与习惯,永辉便会将进口产品的比例提高至55%。在产品品类上,也会以休闲零食、饮料、酒类为主。

第三节 亚马逊:无人门店的零售"黑科技"

Amazon Go(见图8-1),是亚马逊旗下的无人售货商店。

图8-1 Amazon Go

Amazon Go总部位于美国西雅图,于2018年一月对外开放。Amazon

Go主打不同排队结账,离店时通过智能手机进行自动结算的购物体验。Amazon Go占地面积约为167平方米,主要经营不适合在网上商店销售的生鲜类产品和副食商品。Amazon Go是新零售模式下的新业态,非常具有代表意义。

■ 购物全程智能化、自动化

Amazon Go作为一种新零售模式,在店内加入了很多的新技术,而在新技术的加持下,也使得整个购物过程更加智能化、自动化。

首先,当用户进入店铺后,如果是首次在Amazon Go购物的用户,需要先下载Amazon Go的APP,同时,选择并绑定支付方式。当用户进店时,需要打开手机上的应用程序,并在四个旋转门前扫码(见图8-2),便可以进入店内。

图8-2 Amazon Go用户扫码进入店内

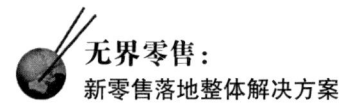

然后，当用户进入商店内部后，商店内部的天花板上的摄像机和货架上的传感器会实时追踪顾客的行为。例如，当用户拿起一件商品并放到购物车当中这一动作，摄像机和传感器会迅速捕捉；而当用户拿起一件商品，最终放弃并放回原处后，摄像机和传感器也会迅速捕捉，以便之后形成大数据，分析用户的行为和喜好。

用户在超市内，无需购物车，只需要把商品装入桔色购物袋内，这时你的亚马逊在线账户也会自动同步。用户在移动过程中，每当用户选定一件商品，其数字购物清单中就会自动出现该商品信息以及应付金额。而当用户将商品放回原位时，Amazon Go商店的系统也会从虚拟购物篮中取出商品，并在总金额的基础上减去该商品的价格。整个过程非常智能化，用户无需扫码，传感器会自动感应到用户拿取和放回了什么商品，并使得总金额随着用户的选购行为而实时增减。

最后，当用户选购好商品，便可以自动进行结账。亚马逊把其自动结账技术称为"拿了就走"技术，即Just Walk Out。用户完成购物后，直接离开商店即可，亚马逊会通过智能手机进行自动结算，用户只需通过亚马逊账号进行线上结账即可，无需排队等候。

由亚马逊的购物流程可以看出，亚马逊Amazon Go智能化与自动化，不仅表现在用户进店与自动支付环节，在用户选购商品的环节，也充分实现了智能化与自动化。Amazon Go可以根据用户是否选定商品而自动加减总金额。当用户选购好商品后，可以直接拿着商品走出商店，通过手机登录自己的亚马逊账号即可根据系统自动算出的金额进行结账。

第八章 模式落地：零售新物种，抢占新零售高地

■ 提供便食商品，种类众多

Amazon Go作为一家无人便利店，在经营种类上也独具特色。

第一，没有单独品种的水果，所有物品重量、大小相同。传统的便利店往往有单独种类的水果，顾客在选购好水果后，需要通过店员进行称重，才能确定其具体价格。并且，如果商品的大小或者重量不同，往往需要花费更多的时间为每个商品称重，花费的时间往往会更多。但是，Amazon Go为了方便顾客购买结算，并没有设置单独种类的水果，都是将其做成沙拉或三明治（见图8-3）。

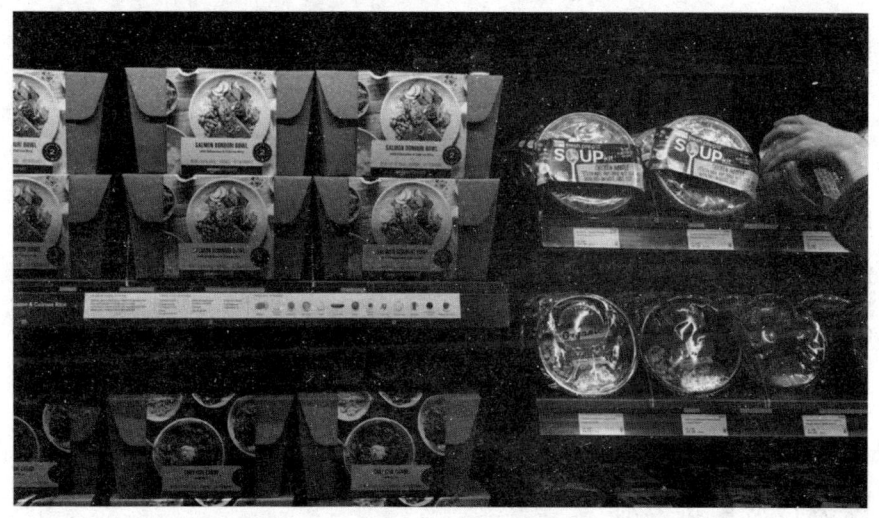

图8-3　Amazon Go供应的食品

并且，做好的沙拉、三明治都被装在塑料盒子里，外包装上贴有点状标识，方便结账时读取信息。除此之外，同类产品的重量和价格都相同，更加便于结算。例如，每份沙拉的重量都是相同的，因此，价格也完全相同。顾客无需挑选，选择一盒后便可以迅速结账。

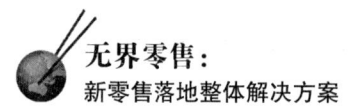

第二,酒类。Amazon Go除了供应顾客日常所需要的牛奶、开发咖啡、茶、调味品以及卫生纸等食品杂货外,还供应葡萄酒和啤酒。但是,放置葡萄酒和啤酒的位置往往靠后,并且,当顾客进入酒品区时,需要由亚马逊的工作人员检查其身份证才可以进入。

第三,净菜食材。除了基本的食品杂货以及酒类外,Amazon Go所供应食品的另一大特色是净菜食材。如今,由于人们生活节奏的加快,需要在每件事情上节省时间成本。以做饭而言,往常,当顾客在超市购买蔬菜食材后,往往需要回家再进行清洗处理,这无疑会耗费大量的时间。而Amazon Go提供的净菜食材,已经事先帮助顾客把食材处理好,顾客回家可以直接烹饪。如此,可以保证顾客在30分钟之内做好一道菜品。有效降低了顾客的时间成本。

第四,商品价格便宜。Amazon Go作为一家无人便利店,其中运用了很多新技术,使得顾客的购物过程变得更加便捷。但是,Amazon Go的商品价格却并没有因此而高于传统的便利店中的商品价格。例如,一罐12盎司的Springdrift苏打水价格是1.25美元,一罐20盎司的Coffee Bean and Tea茶包价格为7.75美元,5.99美元就可以买到越南豆腐三明治。这样的价格几乎与传统的便利店商品价格相同。

■ 深度应用新技术

新零售模式的打造,离不开新技术的加持。Amazon Go作为一家新零售商店的代表,其各种"黑科技",同样离不开新技术的加持。

首先,Amazon Go中虚拟购物篮的"同步商品统计"的实现,是应用了射频识别(一种无线通信技术,可以通过无线电讯号识别特定目标并读写相关数据，而无需识别系统与特定目标之间建立机械或者光学接触）的技术。通过这项技术，可以从多个不同的传感器上获取数据并处理。例如，货架上的压力感应装置（记录商品被取走）、荷载传感器（记录商品被放回）、红外传感器等，都是获取数据的来源。通过将这些传感器所产生的数据进行综合分析处理，便可以准确记录虚拟购物篮中的情况。

其次，购物过程的实现，依赖于其核心技术Amazon Rekognition（一种能够轻松为应用程序添加图像分析功能的服务。借助Rekognition，可以检测图像中的对象、场景和面孔。还可以搜索和比较面孔），这是基于深度学习（Deep Learning）的分析系统。

Amazon Rekognition这项新技术在Amazon Go有着多方面的应用。

第一，检测购物场景。Amazon Rekognition可以准确识别上千种对象并提供置信度。除此之外，还可以准确检测出每个对象中特定的场景，如日出、雨天等。

第二，面孔分析。通过Amazon Rekognition技术，可以迅速找到图像中的人脸面孔，并准确分析面孔特征。

例如，该面孔是否在微笑，眼睛是否睁开。通过这一功能，可以准确分析顾客的对于商品的喜好程度以及购买意愿。

第三，面孔比较。Amazon Rekognition可以准确分析出两个图像中的面孔是否属于同一个人。这样，便可以完成对某一特定顾客的购物线路和需求分析。

第四，面孔识别。Amazon Rekognition可以在大量图像中寻找到相似面孔，以便为图像中的面孔创建索引，以此支持快速并且准确的搜索功能。

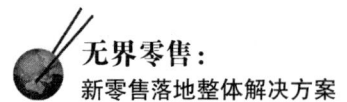

第四节 卡西欧：零售云转型下的智慧门店

卡西欧作为一个著名的手表品牌，站在新零售的风口，与阿里巴巴天猫合作，成功打造了零售云转型下的智慧门店。卡西欧智慧门店充分运用大数据、云计算等创新技术，并将其与现代物流充分结合，整合线上线下，分析用户数据，建立用户大数据模型，从而实现了实体、电子商务与移动渠道的无缝融合，充分满足了用户购物、社交、娱乐等多方面的需求，开启了从实体零售到全渠道零售的全方位布局，以及商家与用户的双向智慧决策。卡西欧所打造的智慧门店，也成为新零售的一个典型代表。

■ 线上与线下充分结合，双向引流

卡西欧智慧门店在线下实体店设置了很多电子屏幕，通过与用户的线上互动，连接商家与用户，将线上与线下充分结合，以此实现双向引流。

第一，卡西欧智慧门店在其门店的玻璃上设计了互动大屏。当用户进入卡西欧智慧门店，第一时间可以看到互动大屏。用户的人像会完整投影到玻璃上。并且，当用户通过体感做出一定的动作时，摄像头会进行自动拍照。如果用户想要下载自己的图片，则可以通过扫描屏上的二

维码获取。除此之外，用户还可以将这些照片分享至微信朋友圈进行传播，并可以获得一定的优惠。

在这一过程中，卡西欧完成了与用户的互动。并且，当用户通过微信扫描二维码下载照片，并将照片分享至朋友圈时，则实现了引流、吸粉以及品牌传播等多个目标。

第二，定制触摸屏，展示商品信息（见图8-4）。

图8-4 卡西欧定制触摸屏

卡西欧智慧门店作为一个线下门店，需要展示多种商品。在其店内，设有专门定制的触摸屏。在这一屏幕上，会不间断滚动显示卡西欧的手表产品。当用户看到屏幕上的商品，并看到其中感兴趣的款式时，可以点击该款手表图片。

互动屏可以感知人体位置，显示"点我"引导用户互动。当用户点击某一款手表图片时，会即时显示出价格、性能等详细信息。当用户确认购买后，可以通过扫描屏上二维码（图8-5，下一页），进入天猫旗舰店购买。

图8-5 用户扫描屏上二维码

如此，便打通了线上线下，实现了由线下为线上引流的目的。

第三，根据用户特点，确定展示重点。通常，不同的用户，其喜好的产品类型和款式都有明显不同。卡西欧智慧门店为了实现针对性营销，充分利用了大数据分析技术。根据用户的消费习惯和消费诉求，为不同的用户展示不同的商品，力求让用户看到最适合的商品，在最短的时间内使其做出购买决定。

■ 利用大数据分析用户行为，做针对性营销

新零售的打造，一定会运用到新技术。卡西欧智慧门店同样将大数据技术进行了充分运用，实现了对用户行为的捕捉和分析，为针对性营销提供了技术支持。在卡西欧这间智慧型门店中，英特尔架构的标准化软硬件方案，帮助卡西欧实现了快速部署。英特尔硬件平台支持了数据的实时捕捉、存储和分析。

卡西欧智慧门店的店内划分为不同的区域，各个区域都设有摄像头，用以捕捉用户的行为。通过摄像头，可以统计出进店的流量、各个货架的顾客逗留时长，以及用户对商品的关注度等。利用热力图，可以展示出店内各个区域的热度，分析顾客的行为。并将分析结果用于产品陈列和产品营销方面。

卡西欧智慧门店还充分考虑了很多顾客不会当场购买商品的情况。

很多顾客不会在看好商品的第一时间付款，特别是对于价格较高的商品，卡西欧智慧门店充分考虑到这一点。当店员看到用户对某件商品表现出喜好后，便会引导顾客用手机扫码商品，加入到其线上APP的购物车当中，以便顾客考虑之后再线上下单购买。同时，为了保证线下智慧门店的店员能够对顾客进行积极引导，卡西欧规定，即使顾客选择在线上下单，但是，如果通过大数据分析系统确定该顾客是来自线下引导，这些业绩同样会算到该线下门店的业绩当中。如此，不仅能够让店员积极引导顾客了解产品，将产品加入购物车，也大大提升了总体销量。

并且，卡西欧智慧门店通过运用英特尔云到端、传感器技术、物联网，将线下门店进行改进，利用数字化大屏、互动游戏巧妙获取用户的天猫、微信ID，大量获取新用户。同时，还可以准确了解到每日进店的人数，具体哪个顾客了解了哪些商品，购买哪些产品，加购了哪些商品。

■ 全渠道数据整合

卡西欧智慧门店之所以是云转型，是因为其整个智慧门店由游戏云、购物云、行为分析云三方面构成。三个方面发挥着不同的作用。其中，游戏云主要用于吸引用户眼球，实现帮助门店吸粉的目的，增加用户转化率；购物云连接并打通了线下门店与线上商店，实现了全渠道融合落地；而行为分析云则用于收集用户行为数据，为商家的营销活动、货架摆放等提供依据，以实现精准营销。三个方面结合，最终让卡西欧实现了由实体零售向智慧型零售的转变，成功打造了智慧门店。

第五节　线下天猫：快闪店带来线下场景营销

　　站在新零售的风口，电商巨头阿里巴巴同样着力打造新零售模式——快闪店。天猫快闪店是天猫深入线下的一个重要方式。阿里巴巴云零售事业部零售PLUS总监韩操认为："智慧快闪店的落成，是商业模式的创新，同时，也是完善消费者体验的实际需求。这是人、货、场紧密结合的一体化的新消费场景。产生千人千面的新零售，以及新消费场景下新商业生态的构建。"

　　首家天猫快闪店于2017年10月12日在杭州的中大银泰城开张。线下天猫快闪店一经开展，就取得了非常好的效果。

　　在线下天猫智慧门店举办的第一期主题：天猫牛仔节，共有包括Levi's、Lee、Gap、CK在内的四大牛仔品牌。一名顾客小李进入线下天猫快闪店，从中找到了自己中意已久，但是在线下门店一直没有找到合适尺码的一款Levi's501限量款牛仔裤。顾客小李激动地说："线下一直没找到我的尺码，但是在这里居然找到了，通过二维码支付，回头直接在家就能收货,太方便了!"

线下天猫快闪店连接了线上和线下,通过多场景营销,给顾客提供了更多种类的商品,让顾客在获得良好体验的同时,能够买到自己心仪的商品。

■ 新零售入口,多场景联动营销

线下天猫快闪店注重场景营销。整个天猫智慧快闪店分为三个区域(见图8-6)。

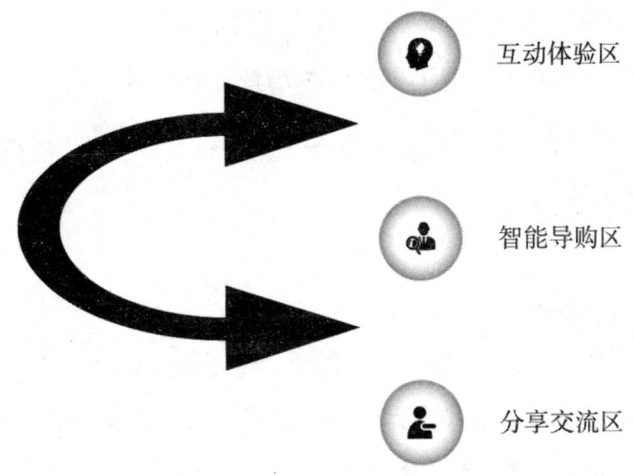

图8-6　天猫智慧快闪店三个区域

互动体验区位于天猫智慧快闪店的门口。当顾客走进天猫智慧快闪店,最先进入的就是互动体验区。在这一区域,设有互动设施。顾客可以通过该设施试玩大型互动游戏,从中感受到科技带来的震撼感。在顾客试玩游戏之前,使用其手机上的天猫/淘宝扫码参加。并且,当顾客试玩结束后,还可以领取快闪店当日活动品牌的优惠券。

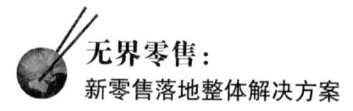

智能导购区的主要智能主要为商品导购。智能导购区设置了蓝牙感应式货架、RFID感应式精品货架等一系列智能导购硬件。当顾客进入智能导购区，可以通过其设置的大型触摸屏查询商品信息，当顾客看好商品后，还可以直接扫码购买。

分享交流区的主要作用在于增加顾客的体验感，提升对品牌的好感度。在分享交流区，设有照片打印机，顾客可以在此打印专属照片。并且，还可以将照片上传至照片墙进行留言互动。此外，举办活动的品牌还会给顾客送出惊喜礼品，其中包括产品小样、优惠券等。不仅用打印专属照片、留言墙等提升了顾客的购物体验，还用产品小样、优惠券等增加了顾客粘性，增加了顾客在之后购买的可能性。

天猫智慧快闪店打造了多种消费场景，结合线下门店，实现了引流、逛店、挑选、试穿、结算等五大应用场景。正是这些场景，极大地提升了顾客的购物体验。

■ 赋能品牌商家

天猫智慧快闪店，致力于商品、订单、客流、交易和会员的全域数字化，并在这一基础上，精准匹配人、货、场。在快闪店经营的过程中，会将其中产生的数据沉淀到各个品牌，赋能品牌商家，为品牌的各项活动提供依据。

通过各项新技术，快闪店可以将某一品牌在展示过程中所采集的用户数据进行反馈搜集各个节点的数据，使得品牌数据不仅可以用于线上营销，还可以丰富整个品牌的数据，应用于商家经营活动的各个环节（见图8-7，下一页）。

第八章 模式落地：零售新物种，抢占新零售高地

图8-7 天猫快闪店

■ 缩短产品生命周期，最大限度迎合消费者

天猫智慧快闪店不但能够帮助品牌收集顾客信息，实现产品销量的增长。还能够帮助品牌缩短产品生命周期，最大限度地满足消费者的喜好。

一家天猫智慧快闪店从无到有，通常只需要两天。

以GAP为例，在其通过天猫智慧快闪店将线上线下打通后，GAP的线上核心门店已经实现了门店自提、门店发货以及门店退换等一系列服务体验。并且，其产品的生命周期不断缩短。以往，GAP生产新品，通常需要提前半年就开始做准备，预测顾客喜好。而当GAP加入天猫智慧

快闪店后，就可以通过天猫智慧快闪店的大数据分析顾客的喜好，配合生产实现进行预订，再进行生产销售。如此，使得产品的开发周期从过去的半年，缩短为了1个月左右。

■ 打通会员体系，实现购物体验无差异化

Levi's还与天猫进行了会员体系的打通，通过线上线下商品、营销同步上线，不断推进购物体验的无差异化。

天猫智慧快闪店作为新零售的一种模式，非常注重会员的作用。在经营过程中，天猫智慧快闪店着力打通会员体系，以实现会员的购物体验无差异化。

以著名服装品牌Levi's为例。Levi's加入天猫智慧快闪店后，与天猫进行联合，打通了双方平台的会员体系，

■ 新技术赋能，打造新零售快闪店

天猫智慧快闪店的打造，利用多项新技术，使得其作为新零售的一种新业态，与传统零售店相比，发生了巨大的变化。

首先，软、硬件设施规模大幅提升。天猫智慧快闪店中包含了诸如人脸识别、云货架、智能化妆镜、智能试衣镜、无人零售等多项"黑科技"，让其软、硬件设施规模出现了大幅提升，购物过程更加智能化。

其次，数据的沉淀和应用不断加深。通过技术整合，天猫智慧快闪店使得品牌对消费行为有了更加有效的跟踪，从消费者进店、选购、离店，每个过程都能精准触达，不仅拉近了品牌与消费者的距离，还实现

了精准营销。

第六节　缤果盒子：24小时无人值守便利店

"缤果盒子"，是全球第一款真正意义上的可规模化复制的24小时无人值守便利店，其将目标用户群定位为高端社区居民，主要提供高品质的生鲜和便利服务。缤果盒子是一种典型的新零售模式，通过各项新技术，实现了无人值守，用户全程自主购物的零售新模式。

■ 用户全程自主购物，无需店员协助

缤果盒子的零售模式为24小时无人值守的便利店。因此，用户在购物过程中，实现了完全自动化，不需要向传统零售模式中的全程店员引导、协助。用户在缤果盒子的购物步骤如下：

第一，打开手机客户端，扫描门店门上的二维码，实现自动开门。在这一过程中，如果用户是首次在缤果盒子消费，那么，在用微信扫描二维码时，首先要将绑定手机，成为缤果盒子的用户。

第二，用户选择商品。用户可以根据自身具体需求，在商店内自主选择需要的商品。每件商品的信息都有完整的介绍，用户可以通过阅读商品介绍了解商品信息。

第三，商品信息扫描录入。当用户选择好所需商品后，需要将商品拿到收银台检测区，并整齐码放，以方便扫描。在这一环节，需要注意

的是，不要将商品杂乱堆叠或者放倒，以免给商品信息扫描造成不便。

第四，扫描付款。在用户付款环节，缤果盒子设有专用的二维码。用户可以选择使用微信或者支付宝扫描电子屏上的二维码进行付款，全程无需工作人员操作，用户可以自行完成。

第五，取走商品，离开商店。当用户支付完成后，需要走到门口检测区等待，系统识别出用户付款完成后，便会自动开门。

从上述缤果盒子的购物流程可以看出，缤果盒子实现了购物全程的自动化和智能化。无需店员协助，用户可以根据自动化系统，完成购物。

完美解决传统零售的几大痛点

缤果盒子作为新零售的"新物种"，之所以能够获得成功，是因为其完美解决了传统零售存在的几大痛点。

第一，增加产品种类，提升购物体验。传统的零售机往往销量不佳，归根结底是因为其产品数量较少，用户的选择非常有限，因此，消费体验往往较差。而缤果盒子则通过增加产品的种类，完美解决了这一问题。

缤果盒子拥有超过800个SKU，为用户提供了更多的选择，从而有效提升了用户的购物体验。

第二，降低人力成本。传统零售由于需要投入大量的人力，因此，人力成本居高不下，给企业造成了沉重的负担。以单店为例，传统零售店的运营往往需要4个人以上，而缤果盒子却能够实现4个人运维40家店。并且，在空间场地上，缤果盒子也更加节省。例如，同样是800个

SKU，传统零售店往往需要仓储备货，而缤果盒子则是纯销售空间，15平方米的缤果盒子展示商品品类与40平方米的相同，有效节省了租金。

第三，选址灵活，有效避免了选址错误。传统零售店存在一个致命的问题——选址错误。由于传统零售商店的不可移动性，一旦选择错误，则会带来经营效益不佳等一系列问题。而缤果盒子则有效避免了由于选址错误而造成的损失。

缤果盒子采用移动方案，自带升降系统，减少了传统零售商店的装潢、固定货架等成本，可以随着市场情况的变化，随时移动位置，变化经营位置范围。这样，缤果盒子无需固守在一个固定的位置，即使发现当前位置不利于经营，也可以迅速变换位置，将选址错误的损失降到最低。

■ 多管齐下，保证支付安全性

实际上，很多类似于无人商店的新零售商店往往存在一个共同的问题，即支付过程的安全性。如商店中存在一些人员拿走商品但是没有付钱的情况。一旦出现这样的情况，无疑会给商家带来损失。为了解决这样的问题，缤果盒子采取了一些列的手段，多管齐下，以保证支付的安全性。

第一，缤果盒子将盒子主要布置在封闭或者半封闭的高端小区，以过滤风险人群。

第二，采用实名认证，用户在进入盒子之前，需要扫码登记个人信息。

第三，盒子内部设有全方位的摄像头和人脸识别技术，如果有陌生

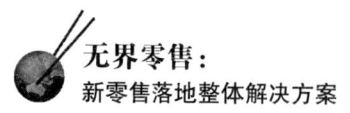

人进入盒子内，人脸识别系统会自动认定为非认证人员，及时报警。

第四，用户完成结账后会自动扫描商品的支付情况，如有未付费商品会发出警报并通知客服。据介绍，缤果盒子已经组建了深度学习专家团队，研发针对零售行业的商品识别和分类算法，通过算法优化和大量训练已经实现了超过200类商品的准确识别。

第五，盒子内部设有动作识别功能，对于用户出现的一些异常行为动作，如擅自打开未付款商品、将未付款商品带离盒子等。

■ 深度使用人工智能技术

新零售的打造，离不开新技术的加持。而人工智能则是其中的一项重要技术。

缤果盒子将人工智能应用在了多个方面。如将人工智能技术用于支付环节，用户辨认用户与商品关系。又如，当用户进入盒子时，便可以对用户进行准确识别。

正是人工智能技术的全面应用，才使得缤果盒子能够成功打造新零售商店，实现了24小时无人值守的便利店，让整个购物过程变得更加智能、便捷。

第七节　淘咖啡：集购物、餐饮于一身的无人结算店

淘咖啡是阿里巴巴为顺应新零售浪潮而打造的新零售模式店。淘

咖啡作为线下实体店，占地面积达到了200平方米，可容纳用户50人以上。并且，它并不是传统意义上的咖啡店，而是集商品购物、餐饮于一身的无人结算店。是一家真正充分应用了新技术而打造的零售新业态。

■ 购物过程自动化

淘咖啡作为新零售的一个新业态，由于各项先进技术的加持，实现了全程自动化购物，用户全程可以根据自己的需求选择商品并自行结算，无需排队等候。

第一步，进店。从顾客进店开始，便已经开始了自动购物的"旅程"。如果顾客是首次进入淘咖啡，需要打开手机淘宝APP，扫描现场二维码（见图8-8），获得一张电子入场券。

图8-8　顾客扫码进入淘咖啡门店

为了保证顾客的隐私安全，顾客还需签署数据使用、隐私保护声明。并且，由于顾客在淘咖啡支付方式为使用支付宝进行线上支付，因此，顾客还要签署支付宝代扣协议。当顾客获得入场券，并签署各项条款之后，方可通过闸机，进入淘咖啡。

第二步，选货。当顾客进入淘咖啡后，便可以自行选购商品。在这一过程中，顾客可以随意拿起任何一件商品。

除了选购商品外，顾客还可以在餐饮区点单就餐。顾客在餐饮区就餐，只需要对服务员说出自己的需求，店内的设备中的语音识别系统就会迅速自动捕捉顾客话语中所包含的需求，并进行下单（见图8-9）。

图8-9　淘咖啡顾客语音点单

当下单成功，系统会自动提示顾客："这是您要的东西，确认支付吗？"此时，顾客需要确认电子屏幕上所显示的商品是否是自己需求要，如果是，则顾客只需要回到"确认"，系统便会从顾客事先绑定的支付宝账号中扣款。

第三步，支付离店。当顾客选购完成后，便要到付款区付款。顾客需要经过一道"结算门"。该门主要由两部分组成。当顾客离店时，首先要走到第一个门前，当门上的自动感应装置感应到顾客的离店意愿时，便会自动开启；而后，第二道门也随之开启，在第二道门开启的过程中，"结算门"已经自动完成了扣款。在自动扣款的同时，系统会有语音提示说："支付宝共计扣款××元"，以方便顾客确认扣款金额是否正确。

■ 线上线下新技术深度融合

淘咖啡依托天猫和淘宝的大数据，不论是在用户分析还是智能推荐服务上都有"先天优势"。并且，通过将线上线下各项新技术进行深度融合，使得淘咖啡的服务更加智能化。

例如，淘咖啡的店中，设有一块巨大的触摸屏桌，桌子上方设有多个摄像头。当顾客坐在桌子旁边，其上方的摄像头便会自动扫描并识别顾客的面部特征，并自动关联顾客的淘宝账号。顾客可以通过触摸屏选择喜欢的商品，只需直接用手指将该商品拖动到屏幕右下角显示的手机中，商品便会实实在在地加入到顾客手机淘宝的购物车中。

并且，该触摸屏桌充分利用了智能推荐这一功能。该触摸屏桌会在识别出顾客淘宝账号后，根据其淘宝消费记录和浏览记录等信息，分析顾客的消费习惯和喜好，有针对性地向顾客推荐商品，以提升商品的购买率。

例如，当顾客选购一款香水时，按照传统的销售模式，顾客需要在大量的商品中逐一试用，最终才能确定喜欢的款式。在这一过程中，不

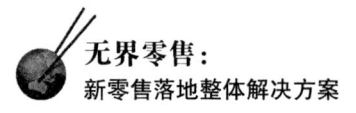

仅需要顾客花费大量的时间挑选产品，同样也耗费了商家大量精力，商品的购买率偏低。

而当顾客在淘咖啡中使用触摸屏桌选购商品时，由于系统会根据顾客以往的消费记录准确分析顾客的喜好，便可以向顾客精准推荐符合其喜好的款式。如此，不仅节约了双方的时间，还有效提升了商品的购买率。

淘咖啡将线上技术与数据分析技术，根据不同的线下实体店运营场景，提供了不同的解决方案。诸如店内布局、货品陈列、进货结构、库存调整、消费导购、个性化与智能化推荐等不同场景，都利用该技术进行了不同处理。

除此之外，淘咖啡采用了集自主感知及学习系统、目标跟踪及分析系统和意图识别及交易系统于一身的物联网技术方案。这套技术方案混合使用了计算机视觉和传感器感应，再叠加非配合生物识别技术，以降低误判率。

室内检测和跟踪视频分析系统辅助商家做出针对性运营策略。通过该项技术，可以分析顾客拿到某一件商品时的肢体动作和面部表情，用以判断该商品是否符合其心意；而通过捕捉顾客在店内的运动轨迹，以及在各个货架面前停留的时间长短，便可以判断其消费习惯和需求。以此作为调整商品陈列方式和店内装置的依据。

淘咖啡作为新零售的重要案例，正是因为能够综合运用各项新技术，捕捉用户的痛点，并且以淘宝和天猫的大数据作为依托，才能成功打造新零售，走在新零售的前端。